服裝是性的

服裝——在進行身體修飾或人體藝術的誕生、演化中出現和形成的。

顧則徐／著

【代序】

厚積看穿

——關於《服裝是性的》

余世存

一

　　當代社會是一個極為豐富詭異的世界，置身其間、與時遊戲不免會忘記我們的本來，忘記我們應然和理該必然的生活。在很大程度上，當代人的共業提供的是一個過渡階段的材料而非形式。那些貢獻過的一流的思想家們對此也無可奈何。列維—施特勞斯（Claude Lévi-Strauss）晚年曾說，自己行將告別的世界「不是我愛的世界」，他留戀的是年輕時代的「擁有十五億人口的那個世界」，他說，這個「六十億人口的世界，已與我無涉」。他認為，面對這個日益龐大和複雜的社會，思想大師的時代已經結束。「與其想像這是一個簡單的世界自我欺騙，不如知道自己失落在一個複雜的世界裡，這豈不是更好嗎？」有人問伯林（Isaiah Berlin）：「隨著全球一體化的進程，會不會出現一個『人類普世文化』？」伯林回答：「果真如此，就意味著文化的死亡。我高興的是我已經快死了，不會看到那一天了。」

　　類似的例子可以無限地列舉，證實我們當代生存的危難、無家，以及無意義。我們人類的生存秩序現在仍是一片混亂，而且看來較之以前更為混亂；這種秩序是不公正的、不穩定的、飲鴆止渴的，人們在這種秩序中殘殺、掠奪、獲得簡單的佔有感或小小時空內的成功感。無論如何，這種秩序已經由人類建立和維持著，又在遭到人類的攻擊，今天它又遭到自然界的反噬，遭到它依賴又蹂躪的地球的傷痛報復。

　　這種狀態的解決似乎遙遙無期。在可見的將來，我們的主流文明生活仍在消耗著地球的資源，低碳一類的修正也是治標不治本的權宜、良知。與此同時，大部分人處於無思無慮的消費主義人生中無能自拔，人們消費一切，借助於現代文明的福利網路、搭便車機制，聽從專家與精英們對養生、房車、健身、股市、食色、旅遊等等的指導，從人類資源中盡情佔有。只是他們消費、消耗，而不生產、創造。這種情形，按照激進的精英觀點，人類世界已分化為 20%的全球精英和 80%的人口垃圾。人類的生產能力，已經可以只需要 20%的人口就足以維持繁榮。

　　對這種危言聳聽，其實沒有必要大驚小怪。因為從非人道主義、從客觀事實來看，我們人類的相當大部分個體的當世生活對整體、對外界的貢獻為零為負。說人類相當多的個體窮困、無用而屬於「垃圾人口」確實反人類，但也說明一個令人類神傷的事實。有仁心大愛的精英聖賢則希望以自身或同類先知先覺的力量，能帶動後知後覺和不知不覺，維繫著世道人心的平

安和繁榮。這在言詞犀利的精英眼中，不過是「餵奶主義」（布熱津斯基「Zbigniew Kazimierz Brzezinski」語）的發展模式，是中國「牧民」式的王道而已。即使最有平民精神意識的人，都得面對這樣的事實，大部分人類個體的無思不思狀況在今天是驚人的。從生產資料到生活資料，從閱讀到視聽，現代大眾群體幾乎完全喪失了人類的自尊：他們不動手，但他們要佔有；他們不思考，但他們會消費。他們不寫書，他們只是讀書；他們不讀書，他們只是聽書；他們不聽書，他們只看影像；他們不看影像，他們只看動漫⋯⋯這個索羅斯（George Soros）眼裡的「羊群」，接受著精英的瞞和騙，也接受著精英們的餵養。

二

在這個精英和大眾你牧我放的依存或相處秩序裡，要救濟自身或服務人類整體，是困難的。我們有著超過前人的物質成績，我們在吃穿住行方面、在飲食男女方面的經驗是空前的，我們的人生似乎已經集前人大成，重複殆盡前人的探索，幾無領域可以創新。但與此同時，我們在身心認同方面的混亂也是空前的。吃飯、穿衣、性愛等領域，我們再也沒有儀式的莊嚴、沒有生命的情懷。傳統所謂三代培養一個貴族，一代看吃，二代看穿，三代看愛和文章文化。我們今天是即時兌現了，美食、美服、一夜情、博客和微博客⋯⋯都讓我們消費過了。但我們仍不知道我們從哪裡來，要到哪裡去，要跟什麼人同行。我們仍不知道我們是誰。

幸而我們仍擁有文明的偉大經典，仍擁有衰敗但美麗風韻猶存的自然，只要我們用心用力，我們仍可以從中得到教益，從而加持我們的身心。更幸運的是，我們仍擁有偉大的同胞，他們以其天才般的智力、聖賢用心，以其固有的性情，跟我們當代的人類秩序拉開了距離。這些偉大的反叛者，現代社會的隱士，卜居山中、林泉、鬧市的寂寞隱者、仁者、志者，以他們的生活示範、以他們的思考和表達來服務於當代人類。儘管他們多數人默無人知，不為大眾社會承認，不為庸眾理解，但他們創造的價值一旦實現，就不會落空。就像偉大的施特勞斯說的，他自己只是一個手工匠，他推動了自身流域的發展，而且在人類秩序裡「還有別人會繼續下去，他們有自己的分析框架和更令人滿意的詮釋辦法。這才是永不終結的。」

在我看來，百科全書式的學者顧則徐先生就是這樣的一個當代隱士、一個打理自己安身立命人生的手工匠人。他逆著歷史的潮流，從能官、公務員、體制裡退出，從現代社會的安全保障體系裡退出，一步步地回到自身的世界裡。隨後，儘管只有少數人知道他，但他確實作為人類思想家在當今的繼承者、我們人類神聖家族的成員，出現在我們這個時代，他打量了人類已知的歷史、經驗和成果，而梳理出自己的言路、思路。這個神聖家族的當代作品也許構成了我們文明秩序中最富有獨特性的部分。

這種獨特性在很大程度上是啟蒙，任何啟蒙在首要的意義上是啟當下之蒙，是救濟自己也是照亮同胞。這種啟蒙在很大

程度上戰鬥，同當代社會的壓榨、吸毒、縱慾、不節制的資源消費生活戰鬥。這種獨特性在很大程度上也是建設，是在時代的泡沫中立身處世堅實的家園、休憩場所，是提供給世道人心安靜生智慧、安定生精神的參照物。只是精英和大眾們更慣於隨波逐流，做生活的浪花泡沫。因此，可以說，顧則徐先生以他那執拗、專業的歷史經驗和獨立、耐心的溫情人格，同大眾的速食消費品質、跟當代大量的醜行劣跡進行著一場不對等的戰鬥。他服務於世道人心，揭示同胞的本質，但人心世道的淪落慣性、誤解、偽信遠比他的安慰和挑戰更為強大。

這個令人傷感的事實，也許促進了顧則徐堅守自己的言路和思路。他不對當代妥協，他不討好讀者。他有求必應，無求則顧盼自如。在當代漢語世界裡，沒有比他更安靜地表達自己的人了。我們通過他頑強的拒絕，執著的言說，可以看到，他越過了精英和大眾，站據了我們這個時代的中心，他跟當代人類發展紅利的食利族們和拜物教者們背道而馳，確證了人類尊嚴的存在。在相當大的程度上，他堅守了大陸中國八十年代開啟的人道精神，他把當年的人格啟蒙堅持得如此純粹，幾乎已經成為一件作品。

三

我甫居雲南大理的時候，讀到了顧先生的《永遠的共軍總司令：朱德》。我曾讚歎不已，以為有文人之筆、有史家之筆，

顧則徐的朱德傳記，堪稱思想家之筆。後來，他又給我發來《服裝是性的》電子書稿，我雖然有心理準備，仍為他涉獵的領域廣博吃驚。在此之前，我也知道他對當代產業現狀、中醫、文學、哲學等等都有原創性思考。《服裝是性的》一書貌似時尚，但粗讀之下，我明白這是一部厚積薄發的學術著作，是立足於生命人格啟蒙的大著作。

服裝是假借，是顧先生切入人格啟蒙的幫手。通過梳理服裝的發明、演進、現代設計，作者得出的結論多可圈可點。「服裝的發明與禦寒等實用目的並無直接關係。」「當一個社會盛行集體主義意識形態時，則社會評價趨向於對個人行為的強制，當一個社會個人主義意識形態盛行時則趨向於個人自由。因此，裸體運動在現代主要盛行於西方，而在中國這樣的東方國家則難以盛行。」「女性服飾打破了傳統的限制，不能性愛、等待性愛、有了性愛、失去性愛諸象徵類型演變為了由年齡大致區別的模式：兒童、少年、青年、中年和老年。」

這是一部精彩的性教育著作。因為性是服裝的本質，如顧則徐論證的，正是因為性選擇的需求，人類就形成了產生通過「得到」以強化自身功能的衝動，從而越來越有了進行身體修飾的普遍行為，並且這種行為隨著歷史進程而越來越強烈。服裝，正是在進行身體修飾或在這種人體藝術的誕生、演化中出現和形成的。作者從人類學、宗教學、社會學、文藝學等角度梳理服裝與性的關係，不少結論是石破天驚的。作者斷言：「在服裝與性的關係中所包涵的人性本質，構成為了人的基本人

格。」這讓人想到現代社會一些精英管理者，要員工們學佛學道，但在開會時明確要求員工穿制服、中高層職工穿正裝即西裝，自己和副總們穿所謂的國服或便服（唐裝、漢服、中山裝？其實是農民的對襟、布衣、布鞋）……以此來衡量，這些所謂的信眾，給自己和員工規定某種人格，都失去尊嚴的人格。

這是一部值得細讀的書，許多地方可以三復斯意、多多駐留。比如作者對國內半吊子學人的抗議時說：至於五十萬年前的北京猿人已經「寢其皮」，用動物毛皮作為睡眠時候的鋪墊物，僅僅是一個狹隘民族主義考古學遐想玩笑而已。由這遐想玩笑進一步遐想玩笑出的「可能利用獸皮來護身禦寒」，就更是不著邊際了。我們由此即可知，當代人被少數精英「餵奶」式的教化是何等荒謬，人們被想當然的結論瞞和騙得何等深重。

細想來，關於服裝的發明，關於服裝與性的關係，甚至關於怎麼生活，其實我們不必聽那些精英們的教言，因為確如顧則徐一再引證的，我們當代的生活都可以提供有關真相的事例。「無論是紅襯衫還是紅裙子，在文革後的中國都已經成為突破保守、追求開放的審美意象。」「即使在有史以來最為性保守的『文革』期間，女性裸露上身也還是常見的現象。以我孩提時生活的江蘇常州農村為例，也即三、四十年前，當夏季時，四十歲左右以後的中老年婦女在人數不多的異性眾人面前裸露上身是普遍的現象，有一次，我甚至看見一位三十出頭、村裡最漂亮的年輕女性裸露上身在村邊走過，她那豐滿、漂亮的乳房永遠印刻在了年僅七、八歲的我的腦海裡，要知道，所有這

些婦女都是極其性保守的。」……這些人生社會的經驗本來就無言地指示著人格、性和文明的關係。

可以說，這也是一部教人自己去思考的書。雖然作者一再總結，生命體的生命性或其活性由安全、食、性三個核心的屬性構成。這三種屬性同一在生命體的本能的自為上。人類的出現是這三種屬性自然演化的結果，由於性屬性並不只是現在的本能需求，而且也是指向子代誕生的活動，有著將來意義，因此，性在自然演化中具有關鍵的、貫穿的和主要的地位，也即性選擇是人類演化的根本機制所在。確實，說到底，性的啟蒙、性的成熟、性的落實和歸屬，構成了我們人類自我救濟和整體救濟的可能性。也只有從性出發，建設並保證我們的人格，我們才能解決、至少解決我們個人的吃飯穿衣問題。我們才能越過當代社會的混亂、纏繞，穿出我們的個性、精神和人生信心。

四

我個人對服裝素無研究，承蒙作者之請，開卷饒舌。

作者開掘題材的本領讓我佩服，而立足於服裝來談性，談人類的生命、人格和自由、尊嚴，類似的著述還沒有見過。類似的文章不少，社會學、人類文化學、宗教學的論述也不少，但顧則徐幾乎完全放棄了引用，而只是以自己的敘述貫穿始終。雖然是不到十萬字的小冊子，卻在思辨、討論、流暢的介紹裡呈現了廣闊的視野和海量的精神，我們能感覺到作者的厚積薄發，作者的率真和自由。

　　作者把不可能的題材處理成了可能，這是我見到的生命人格最合身的衣服之一。在顧則徐筆下的「都市」和「廢都」這人類秩序裡，如何理解服裝，如何理解適性的生命，如何理解自由和人格⋯⋯我們可以看看這本書。我們可以從中自省，我們是否參與了集體禁錮，是否對自己和他人人格一以貫之一視同仁地給予過尊重，是否滿足了性的要求並看護好了我們的身心⋯⋯

2010 年 8 月寫於北京

x 服裝是性的

目　次

崇拜

　　任何事物最基本的屬性都源於其發生的時候——正是屬於該事物的基本屬性形成，才意味著該事物已經發生，因此，對任何事物最基本屬性的研究誠然可以有多種演繹方法，但發生論的方法則是必要的和基本的。不僅如此，發生論的方法也是比較便捷和清晰的，因為，當事物處於發展了的狀態時，其發展了的屬性也發展為了豐富，通常呈現為雜多，這種雜多形態很容易導致分析的混沌和凌亂，使智慧的眼睛陷於迷離，而當事物發生時，在其原始的、原初的狀態下，屬性呈現為比較顯著的單純形式。服裝，這個今天掛滿了人們櫃子、充斥在繁華的商業場所、有著無數設計師絞盡腦汁籌畫、在 T 型舞臺和媒體輪番演示、由無數工廠夜以繼日生產著的東西，它的基本屬性是什麼？

　　中國近現代最卓越的作家之一沈從文先生，1981 年出版《中國古代服飾研究》專著，這一著作是至今關於中國服裝史的最重要作品。沈從文先生將服與飾放在一起研究是非常正確的。飾未必是服，但服對於人體一定是飾，研究服裝而不考察飾，無論對於遠古、中古還是現代，都是不正確的。實際上，我這本書的書名可以是「服飾是性的」，之所以不用「飾」，而用「服裝」，是因為這本書主要還是著眼於服裝，飾與性的距離比較近，而服裝與性的關係似乎比較遠，更需要梳理彼此的深刻關係，在語言形式

上給予突出。這並不等於拋棄飾與性的問題,恰恰相反,如果要理解服裝與性的關係,或者說要揭示服裝最基本的性屬性,還是必須要按照歷史的發生學邏輯,從飾與性的關係切入。

人類最原始的藝術不是雕刻、繪畫,而是「人體藝術」。就探根求源的方法來說,考古學是最具有實證性的,但是,考古學有個致命的弱點,它的全部基礎只能建立在文化遺存的物質形式上,而人類的全部文化並不都能以物質形式發生遺存,比如由人的身體本身進行表現的歌唱、舞蹈藝術,其存在形態是人的身體本身,是「活」著的形式,因此,其主要傳存方式是由「活」著的人們進行一代代傳承、演化,雖然一部分有文字、繪畫、雕塑等物質化記錄形式遺存,但終究與「復原」有著非常大的距離。比如,按照文獻留存的中國唐至元、明的詞、曲模式名稱——詞牌、曲牌名,中國皇朝時代的音樂可說是極其輝煌,並非同時代的歐洲可比,但今天留存的「活」著的古典音樂卻極其衰微,只是些蛛絲馬跡,那些繁雜的名稱並不能夠使今人達到「復古」,不足以讓那些輝煌的音樂「活」起來。因此,對於古代特別是遠古時期的「非物質化」藝術和文化進行把握,除了考古學、文獻學的研究,更必須要進行人類學考察和純粹理性演繹。我的這一人類最原始藝術「人體藝術論」,正是這樣一個進行了綜合研究得出的結論。

我在這裡所說的「人體藝術」是指人類身體的一切藝術表現形態,它根源於人自身意識的直接表達和情慾的直接衝動,以及對外界自然界特別是其他物種以及他人的模仿,具有生物本能性

和人類性靈的自由性，是人類進化過程中的自然成就。這種藝術在其萌芽狀態是作為動物的人向作為人類的人進行過渡的特徵要素之一，並且是完成這一過渡的基本動力之一，在人類學考古中體現為人類大腦顯示的人類語言能力出現，也即處於人類進化的直立人階段。人類意識和情欲並不是毫無歷史前提的忽然發明或誕生，它是動物相應的生命性的自然提升和昇華，這種自然提升和昇華經歷了漫長的歷程，期間有著物種的自然汰選，而作為今天人類先祖的一支人猿獲得優勝。人類幾乎所有的行為模式和情慾表現模式，都可以從生物社會學角度在動物中特別是與人類親緣關係最接近的現代靈長類動物中找到前原始態和細胞，比如表示喜悅或憤怒的蹦達、啼叫，比如個體之間進行行為聯繫和呼應的動作、聲音及表情發生。在這個過程中，並沒有絕然分明的、可以在一夜之間形成的界限，而只能找出某個或某幾個行為方式作為標誌，比如恩格斯（Friedrich Von Engels）試圖在從猿到人的演變中以勞動為標誌。

語言，或者語言能力，並不是沒有任何物化痕跡的狀態，它必定首先體現為一種生理狀態，這種生理狀態在物化的角度說，就是人類大腦的發育、進化程度，是可以從古人類頭顱化石中予以實證的。人類語言與動物的前語言相差別的地方不只是一個複雜程度問題，而是一個符號化及自為邏輯系統的問題。動物的前語言即使如何複雜，但每個音素都是其生理的直接功能，並自然表達其意思，聲音與意思自為一體，毫不「虛偽」。人類的語言除了繼承動物直接表達意思的生理傳統——比如因為受突然驚嚇而

喊叫，但在文明時代連這樣的情況也難以確信，在一定意志支配下可以在並不受驚嚇時喊叫，或雖受驚嚇而控制住不喊叫，更主要的特徵是「虛偽」了，每個音素已經成為群體約定俗成的符號，作為聲音本身的意思趨向於消解，一定的、完整的意思要通過符號與符號所構成的層級複雜的體系體現，作為口語則還與一定的表情、動作等行為構成體系，其中蘊涵著兩個方面的邏輯關係，一是聲音符號之間的邏輯關係，一是聲音與行為之間的邏輯關係，這兩種邏輯關係總合為語言的表達－理解體。即使如此，語言的符號形式和意思之間的邏輯也是一種經驗邏輯，往往是得意忘象、得象忘意，意與象之間並不完全同一，表達者與理解者之間本質上只是經驗的統一，經常會背道而馳。在中國，這幾乎是《周易》以來永恆的哲學話題。但是，人類語言的美妙之處正是在這裡，是有序的又蘊涵著深刻的無序性，是無序的卻有著嚴密的有序性。因此，語言是邏輯者的自由，是保守者的生機勃勃，它充滿著經驗的規定而又隨時被創造著。因此，語言是一切藝術的藝術。語言作為一種藝術尤其當在出現文字之後，擁有了越來越脫離人體的符號化表現體系，但是，當在從猿過渡為人類的原生狀態時，語言作為人體的直接表達方式，僅僅是一種人體的藝術。不僅如此，它還是人類藝術的全部，也即是包涵了人類全部藝術表達因素的唯一的藝術。

人類全部的表情、動作所表現的美的意義尚沒有成為獨立的藝術形式，所製作的石器、木器雖然符合美的本能但尚不是獨立的藝術形式，所有這些都是以語言為核心才成為語言這一藝術的構成因素。以一定音節方式進行語言表現的人及其相應的動作、

表情，或許還有手上的一兩塊石器、一兩根木棍，就像今天在非洲等地方依然可以看見的情況那樣——什麼器具都不拿或拿著木棍等簡單器具邊敲擊邊說唱邊踩腳的赤裸著身體的人群，這就是人類最早的包涵以後一切獨立成熟起來了的藝術類型元素的藝術（圖一）。這是語言的藝術，更是人體的藝術，是人體藝術的語言，在其原初狀態時，語言本身還處於非完整自為體系的狀態，作為完整體系的語言是與人的身體及其全部行為緊密結合在一起的。

我之所以說更是「人體的藝術」，是因為「語言藝術」這個詞在今天這個語言早已經獨立成熟為口語的和書面的藝術的時代，因其文明性而比較不容易被準確理解，「人體藝術」這個人類進入文明時代後衰落了的藝術更具有原始性，比較接近於我所表述的涵義，並且我在下面也要在人體藝術本身這個問題上進行發揮。

語言本身能夠萌芽並成熟，或者說使萌芽了的語言獲得遺承並豐富為成熟系統，人類語言的生理基礎得以發達起來，具體的因素可能有很多，比如人類食品的熟食化。但到底什麼才是最基本的因素呢？這種基本的因素也可以認為是一種基本的機制。作為語言藝術的人體藝術，是人群的或社會的，但在人類脫離猿類的過程中，首先是一個生理基礎的優勢問題。生理基礎不僅包括人體的發音—大腦系統，優勢是整個人體的優勢。作為語言，或者說作為以語言為特徵的整個人體，其優勢不在於與其他物種之間的關係上——試圖用語言獲得對於獅子、老虎、牛群、羊群的力量優勢不具有必要意義，中國成語把這稱為「對牛彈琴」。吼叫等能

圖一　非洲部落歌舞人群

夠對動物產生重要影響的聲音是人類語言中孑遺的少數元素,而在
於人類自身的個體與個體的關係上,也即擁有語言優勢的人類個體
相對他人更具有個人整體的身體優勢,這種優勢最內在的根源或動
因就是個體的性選擇優勢。也就是說,擁有語言優勢的從猿脫離了
的人類個體意味著整個人體的優勢,更能夠得到性交機會,從而使
人類將相應的生理優勢基因遺傳下來。[1]這種性選擇優勢作為一種
進化現象,其實在現代依然悄悄地繼續著,如果撇開道德的、法律
的、政治的、經濟的、社會的限制和調整因素看問題,更具有書面
或口語——包括歌唱——能力或「話語權力」的人們,總體上更能
夠打動異性獲得親睞。

---

[1]　語言的繼承不只是一個生理問題,更是一個教育問題。

　　性選擇，這一所有有著兩性形態並通過交配繁殖子代的物種所具有的基本進化機制和動因，當在人類形成出以語言為特徵的身體藝術方式時，也便意味著人類在這一相同的進化機制中使自己超越了動物界。人類仍然是而且也永遠是一種動物物種，但已經是越來越不把自己視作為動物了的特殊動物——人。人類身體的語言性蘊涵了一層深遠的意義，即人體獲得了符號化特徵和屬性，至於這種符號化什麼時候能夠得到濫觴，則仍然是一個漫長的自然進化積累過程。[2]這一點決定於人類直立程度的進一步提高和大腦的發達化，其直接的因素則決定於人類利用外界物質或獲取物質對自己身體進行符號化裝飾的能力。這種能力至晚當人類進入智人階段時候，便越來越擁有了起來。在早期智人階段，人類的進化速度忽然加快。[3] 1856 年發現於德國尼安德特河流域一個山洞的尼安德特人（Homo neanderthalensis 或 Homo sapiens neanderthalensis）是早期智人初期的代表性標本，腦容量高達 1300 毫升，與現代人已經沒有多少區別。雖然腦容量的提高並不意味必然發生大量創造和發明——人類的任何創造和發明都有其自身的文化傳承、開拓規則，但大腦終究是人類精神發生演進的主要生理基礎。尼安德特人最重要

---

[2]　進化的自然性不只在於生理，也包括教育等要素。進化除了生理以外，總地說來就是人的活動的演化，由行為、意識、交往、生活、生產諸基本方面構成。

[3]　人類考古學一般認為，作為人類遠祖的古猿在 800 萬年前即出現，南方古猿的一種出現在 420 萬年前，能人生存於 200 至 175 萬年前，現代人類的先祖直立人出現的初期與能人存在交叉生存的情況，在 30 至 20 萬年前出現早期智人，約 5 萬年前進入晚期智人階段。雖然種系演化的脈絡並不清晰，也許永遠也無法準確描畫出結出現代人類這個果子的樹狀脈系圖，但現有的成果說明進化速度越來越快則是夠了。

的考古遺存之一是骨針，似乎說明服裝已經出現，但骨針並不會是一夜之間的突然發明，或者，即使被發明了，是否就是延續的、之後沒有發生間斷的工具呢？事實上，人類在從猿脫離到人的過程中，石器的發明和使用便是中斷的，並不是一當發明就延續地進行使用，具有發明了中斷、中斷了再發明的間歇性特點，從這個角度說，跟現代某些也會偶爾使用石頭或其他工具的猿猴等動物並沒有太大差別。問題在於，人類確實最後永久地發明了工具並不間斷地進行著使用了。因此，從間歇的演變為永久的，只能用「必然」予以解釋，也即人類「必然」會由於某種不會消除的動因最終永久地發明工具並使用它們，這當然也包括骨針。這一動因不是別的，仍然是性選擇。

人類最初具有的利用外在物質和工具能力，無論是間歇的還是進入了穩定時期，其核心與其他動物使用牙齒、利爪並無兩樣，不過就是自己牙齒、手等身體部位功能的延伸，圍繞著食物和暴力兩個方面展開。食物方面分食物的獲取和加工，食物的獲取可能是針對其他物種動物的暴力，但暴力並不等於就是獲取食物，而可以僅僅只是出於自身以及人群生命安全恐懼的進攻或防衛。無論是食物獲取還是暴力，都是基於一切動物都有的生命本能，人類唯一的區別是越來越經常地使用經過加工的工具以延伸自己牙齒、手等身體的功能。僅僅如此並不足以使以後成為現代人類祖先的一支猿人進一步進化，這一進化還必須要上升為被加工的食物副產品和戰利品比如羽毛、骨頭、獸角、血液、毛髮、毛皮、植物枝葉、花朵、植物有色液汁等，以及加工工具過程中發現和

形成的精細石珠、石片、有色粉末和自然環境中的有色泥土等，逐步緊密地附著於人體，成為人的身體的一種物質附件，從而使人本身與動物發生根本的軀體結構變化，也即人類開始用物質外殼將自己本身包裹了起來，「人本身」分成了人體本身及附著其上的物質裹體兩個層次（圖二）。這一進化或說變革，並不能由物質形式自行完成，將人體與外在物質粘合起來的黏合劑既不是作為物質的人體的天然屬性，也不是那些進行包裹的外在物質的自然屬性，而是人類開始萌醒了的精神意志。這一精神意志並不是外爍的，而是來源於人類自身的內心萌醒，造就這一萌醒的直接動因是以語言為特徵的人體藝術符號化積累。當這種積累達到一定時，已經發達了的大腦生理基礎為語言符號的邏輯整合提供了系統化條件，人類語言不再是「人體藝術」體系，而是一個自為的有序體系，也即在直立人晚期或早期智人初期，一種不必須借助人體動作和表情進行表達的，可以由音素符號自身構成比較完整或完整體系的表達－理解語言初步形成了，或者就是今天普通意義角度說的成熟的人類語言初步形成了。

　　表達—理解語言的形成是音素符號超越了人的整體身體的外在化，但這種外在化仍然是由人體的發音器官所進行，其中蘊涵了一種非常深刻的裂變，也即在人體與外在化了的語言關係中，「人本身」已經不再只是人的整個身體，而是局限為了人的發音器官及指令器官發音的大腦，但人類明白大腦進行指令的情況不過只是科學時代的事情，中國古代則稱為「心」，「心」的範疇既是具有實在形式的心臟，也是非實在形式的「靈」。也就是說，當

圖二　印第安酋長

語言形成，在人體發音器官後面進行指令和控制的已經是一個非實在體，因此，人類語言形成的成就不僅在於語言，而且在於從人體裡面第一次誕生出了一個精神實體。這個精神實體到底是什麼呢？它是人活著的生命性，是人之所以為活著的原因。精神實體在身體，人活著；精神實體不在身體，人死了。這個精神實體就是靈魂。靈魂觀念的出現使人類最終把自己從動物界分離了出來，這一分離的核心意義是人類由此第一次確立起了自己的主體意識和意志。但是，人類這一偉大自覺對於活著的軀體——人本身——來說，也是一場巨大的「災難」。這場「災難」向兩個方向蔓延：人本身和外界。

靈魂一當出現，它所指令的就不只是語言，人整個身體的全部行為和狀態都受其指令和控制，也就是說，人的精神實體一當出現，精神實體與物質實體——軀體——就發生了分裂，精神實體確立了人的主體性，物質實體則成為了客體。人的身體是會死亡的，但他的靈魂並不會隨之死亡，因此，人類個體的存在本質不在於他的軀體。作為活著的個體的軀體是現世的，需要追求現世的「享樂」，但也僅僅只是一個「軀體」，因

此，人類偶然的以他人為食行為演變為了有序的以他人為食。在人群的內部，不必要等待「饑荒」時期，當人垂死或者被認為衰老，便是人群當然的食物。在人群外部，其他種群的人類與可以被獵獲而食的動物無異，而正因為他們是競爭地盤的「同類」，尤其就是應該被首先獵獲的「動物」，「人類」的戰爭由此開端，並非常「有效」，在這一延綿不絕的「戰爭」中，現代人的共同祖先——早期智人中的一支——在向整個地球遷徙、繁衍的過程中，最終把「人類」徹底消滅了。即使到了今天，「追殺」可能漏網的「人類」仍然是件足夠把無數人神經刺激得格外興奮的事情，人們充滿熱情地尋找「它」或「它們」的蹤跡，雖然是希圖獲取「標本」進行「研究」，但全部行為的本質都不是把他們當「人」看待，並採用不受刑法限制的任何手段獲取他們的軀體，也即可以進行無任何約束的殺戮。

既然活著的人是有靈魂的，因此，活著的其他動物，以及「活」著的火山、山嶺、森林、樹木、河流、太陽、月亮、雨雪、風等，就同樣是有靈魂的。這是人類歷史上第一個世界觀，是哲學的哲學，是今天人類所有哲學的祖母，是人類智慧之祖——萬物有靈。萬物有靈所蘊涵或包涵的深邃精神，幾乎沒有什麼卓越的現代哲人予以注目和發掘，需要提起也是不假思索地進行否定，並不知道其實自己全部思想的胚胎細胞都孕育其中。萬物有靈不僅把人自己作了靈與肉的分別，也為萬物確立了靈魂，並對萬物做了靈與肉的分別；在對人自身做了主體確立時，也為萬物做了主體確立；雖然彼此都是主體性存在，但

人並不與任何一個具體的物種或自然界事物、現象處於並列的
地位,雖然他們各有其靈,但外界自然界或者說整個外在世界
是一個整體,人與這個整體對應;在這種對應關係中,人是為
己的主體,存在於整個自然界之中,又是一個為己的中心;在
這種對應關係中,彼此都是行為的、互為的,都是可以也必須
進行溝通的,也即是可以也必須進行對話的。這是一種偉大的
思想,偉大的精神,最純粹而天真的精神,已經囊括了人自身
及人與世界全部核心的和基本的關係。但是,人的軀體是如此
地虛弱,雖然人群已經具備獵殺大型食肉獸的能力,然而即使
在這樣的獵殺行動中,大型食肉獸的一聲怒吼也足以讓獵殺者
們驚恐,而被獵殺了的哀鳴也會讓大家震顫,更重要的是,被
獵殺者的靈魂並沒有被獵殺,並沒有因此倒在血泊中死去,沒
有被人們燒烤了吃掉,人群每時每刻都可能遭到的災難則證明
了它們的靈魂的報復。因此,萌醒了的人類為深刻的恐懼所纏
繞,人群既必須與死去了的人的靈魂進行對話,也必須與外界
自然界的靈魂進行對話,這就是崇拜——最原始的宗教——的
萌生。

　　恐懼造就崇拜,這種恐懼作為一種平常態,則是畏懼。沒有對
精神——或者說精神實體——的畏懼,也就沒有崇拜。這既是現世
的、功利的,是為了滿足現實的欲求,但更是非現世、非功利的,
因為,自身的全部行為都由自身的靈魂指令和控制,崇拜是自身靈
魂的安慰,因此,崇拜不僅意味著畏懼被崇拜對象的靈魂,也自然
延伸為畏懼自身的靈魂。從而,崇拜的根本只是一種純粹的精神行

為。但是，崇拜的實行——也即崇拜行為——卻只能是實在的，必須是可見的具體活動。這種活動的根本是進行一種對話儀式，人類沒有別的方式可以採取，除了使用語言的訴說，只能自然地運用「傳統」的人體藝術方式，人群使用蹦跳（舞蹈）與訴說（歌唱）為一體的方式與靈魂進行對話。對話的困境在於，對話的對象並不表達出語言，因此，實在的對話過程本身只是單方面的訴說和祈求，由此就必須進行奉獻，也即不管對話對象將以怎樣的行為反饋訴說和祈求，進行對話本身就必須先予奉獻。這種奉獻當面對萬物之靈時，由於人類的現世功利決定了現實的獲取是目的，因此，奉獻實際就是象徵性的「奉還」，即將已經獲取的或準備獲取的部分進行「奉還」。「奉還」的前提是要對象接受，因此，「奉還」也可以是「奉送」。那麼，如何「奉還」或「奉送」呢？當然是予以實物「奉還」或「奉送」。但在食物或物質獲取十分困難的情況下，這仍然可以是一種「象徵」性的行為，也即進行一個「奉還」的儀式程式，然後再以感恩的儀式程式予以吃掉或使用。這種方式在中國今天宗教和崇拜的民間祭祀活動中，仍然是極其普遍的現象——人們在祭祀主要程式之後，「認為」被祭祀對象已經接受供品，然後人們自己將供品予以食用或使用。在這一過程中，出現了四樣偉大的創造：巫術、葬儀、藝術品和專門的人體藝術。

單方面的對話困境由兩個方面構成：一是當在對話對象沒有語言反饋情況下，如何進行訴說和祈求？二是如何突破這一困境，使對話對象有某種反饋，或甚至是語言反饋？前一個困境方面的解決，導致形成了程式化的對話——祭祀——方式，這包括

其中的每個組成元素，語言的程式化構成了專門的說唱或歌唱程式，蹦跳的程式化構成了專門的舞蹈程式，這是人類文學、音樂、舞蹈藝術的胚胎，同時，也是人類進行說理——理性——的歷史起點。後一個困境方面的解決，導致形成了觀察——求證的方法出現，這當中蘊涵了今天人類進行思維和研究的全部基本元素：實驗、記憶或記錄、分析、綜合、推理、判斷、直觀、領悟、頓悟等。所有這些，總合為了一件：巫術——不是成熟了的巫術，更不是成熟意義的宗教，但是今天全部宗教的起源。

當面對被獵獲對象和同類時，雖然仍然畏懼，但卻發生了微妙的差異。劍齒虎或猛獁象誠然是令人恐懼的，但就已經被獵獲的劍齒虎或猛獁象來說，它畢竟已經是被人群獵獲了的，它不同於未被人群獵獲的劍齒虎或猛獁象，更不同於人群永遠不可能獵獲的雷電、風雪、太陽、月亮、高山、森林、海洋、大河等，因此，與被獵獲物靈魂的對話，在畏懼的前提下，予以尊重自然成為立場和態度的另一面。沒有畏懼，尊重不會發生。僅僅畏懼，不存在尊重。尊重的行為在巫術儀式中體現為請求原諒和進行安慰，最終則體現為對其殘骸的處置上。所謂殘骸，對於非食用或採用為加工原料的對象來說就是它們的屍體，對於食用對象或採用為加工原料的對象來說就是吃剩的骨頭和軀體的剩餘組織。殘骸處置的方式，不同地理環境下的人群會用不同的方法，比如丟棄水中、丟棄於一個集中坑凹、集中埋葬等，不管用什麼方法，共同點是按照一定規則進行，而不是隨意的，這種一定規則的處置方法就是葬儀。更重要的是人的葬儀。人的屍體——即使將人群中

某個人吃掉，也還有著他剩餘的骨頭——不再被隨意處置，而是以一定的葬儀進行處置，在選擇土葬的人群就是進行埋葬。正是這一過程中，當食物的獲取已經不必需將人群中的某人身體進行補充時，吃食某人的身體演變為了葬儀的一個組成部分，並越來越只有象徵性，進而演化為人類最終拋棄吃食同類身體的古老傳統。人的葬儀的歷史重要性不僅在於對亡者靈魂——精神——的尊重，更深遠的意義在於對人本身的軀體——生命——的尊重，就其直接的後果來說是構成了人類最終放棄以同類為食的古老傳統，就其內在的後果來說則是萌芽了關於人的生命的最基本道德原則。

在食物「饑荒」這一似乎難以擺脫的時期，奉獻採用「奉還」或「奉送」這一方式既不經濟也不持久。如果不將「供品」吃掉，則不久就發臭腐爛，吃掉則奉獻發生終結。奉獻的「供品」本就是對象軀體的一個組成部分，或對象所具有的需求所能夠實現的對象，比如所需要的某種食物，它是崇拜對象現實的存在方式，是同時也代表著崇拜對象被現實地崇拜著的實體，無論腐爛了還是被吃掉了，都意味著崇拜對象現實的實體的失去，從而，崇拜的儀式也就現實地終結。由於被崇拜對象靈魂的依然存在，就自然促動著人群需要與其繼續對話，也即將崇拜儀式持續地進行下去。要實現這一點，必須依賴於人類獲取了「供品」的某種形式替代品，或者是崇拜對象的某種實體符號。石器——或者包括木器、骨器——加工技術提供了這種實現可能，當人群採用這種技術製作出了某種被認為可以擔

當符號的形式時，崇拜儀式也就實現了持續。這種符號形式是人類後來濫觴的偶像起源，但同時也是人類最早創作出的藝術品。這一成就的出現應當是在早期智人的後期，基於人類技術進步的進程，人類最早的藝術品形式是雕刻品，即經過精細打擊、磨礪、刻劃、雕琢的石器、骨器或木器。

比藝術品出現更早的情況是專門人體藝術的形成，這應該是在早期智人初期或甚至直立人向早期智人過渡的階段。崇拜雖然是對靈魂的，但靈魂活著的方式，或者說其作用的顯示方式，終究是通過一定的物質化形式或現象進行的，因此，崇拜的現實方式只能是面對具體的動物、植物、地理自然物和現象、屍體或骨骸或埋葬形式，對話的過程自然會導致人們希望進一步「得到」。所謂進一步「得到」，其最自然、最「原始」、最傳統的目標是繼續獲取對象，比如在進行狩獵前的崇拜儀式之後，人們出發去狩獵，以再次獲取食物。但是，當人類並不滿足於這種「得到」，而是希望得到對象的某種或某些功能時，「得到」就演化為了獲取象徵物，也即以一定的實體物質形式作為符號，象徵被崇拜對象及其某種或某些功能，以強化人自身的某種或某些功能。正因為目的是強化人自身的某種或某些功能，因此，「得到」就是將所得到的實體物質形式轉化為人自身身體的一部分，比如將象徵火的灰燼塗抹在自己身上，將象徵高山、河流、湖泊等的某種泥土塗抹在自己身上，將象徵森林或某種、某棵樹的枝葉掛在自己身上，將象徵石頭或某種石頭的經過加工的華麗的石珠、石片、石環掛在自己身上，將獸骨

或某種、某個動物的骨頭掛在自己身上，將象徵死者的顱骨掛在自己身上，等等。這是人類第一次將外界物質利用為直接依附在自己的身體上，由於其直接的作用是對人體本身進行了裝飾，因此，意味著一種獨立的藝術形式誕生了，這種藝術就是專門的人體藝術。

那麼，為什麼人類會產生通過「得到」以強化自身功能的衝動呢？這是由於性選擇的天然促動。動物的全部活動，除了生命安全之外，都是圍繞著自己的身體以及子代的身體直接需求的滿足進行的，這一點也構成了人類需求滿足行為的基本和核心。所謂身體的直接需求，在動物就是性和食物，在人類從猿脫離出來的進程中並無其他。也就是說，在人類的早期——或者說在晚期智人及其之前，安全、性、食物是人類的三大基本需求。這三種需求並不是孤立的，而是互為的。安全的滿足意味著性的持續滿足，意味著食物的持續乃至更便利得到。性的滿足意味著安全的維持和強化，意味著食物的持續得到或更多得到。食物的滿足意味著安全的維持和保證，意味著性的持續得到或更多得到。從這三大需求來說，人類對自己身體進行裝飾雖然與安全、食物有一定關係，比如認為自己可以具備更強的力量進行搏鬥以殺死獅子，但這主要是一種間接的關聯，所直接關聯的是性活動。從人群性活動來說，當人類人群的人口較少，則頭人擁有優先權，但當人群人口數量較多時，情況就發生了根本變化，頭人的優先權在人群性交總數量中比例大大降低，越來越只是一種象徵性「權利」，其他人的性交機會趨

向平等。這種平等並不等於平均，而是差異的平等，也即人們互相之間普遍地形成了獲取性交優勢的狀態。性交優勢的普遍獲取使人類萌醒了最早的「個人」或「個性」，每個人都具有了積極的顯示自己性交優勢的衝動。進行這種顯示誠然可以有多種渠道，但就如在動物的性選擇中身體特徵——體格、色彩——有著極其重要的意義一樣，人類會自然模仿所崇拜的動物，並突出自己更可能獲得性優勢的某個方面，比如突出自己的性器優勢。這種模仿主要是在四個方面：形式的華麗、力量、性交優勢或生殖能力、靈魂性。後來，隨著人類社會的演進，身體裝飾所表現的內容又發展出了榮譽、地位、財富、智慧、道德、審美等日益複雜的因素。因此，可以認為，全部的性選擇其實都是性崇拜。

　　正是因為性選擇的需求，人類就形成了產生通過「得到」以強化自身功能的衝動，從而越來越有了進行身體修飾的普遍行為，並且這種行為隨著歷史進程而越來越強烈。服裝，正是在進行身體修飾或在這種人體藝術的誕生、演化中出現和形成的。

人體藝術

作為人類最早誕生和形成的專門藝術形式，人體藝術的原生態包含了除專門的語言藝術以外、以後誕生和形成的全部藝術形式細胞和元素。很遺憾，本書不是專門的藝術史著作，不便於詳細討論各種藝術形式之間的生長和互為關係，即使就人體藝術本身而言，也不便於詳盡地描畫其演變史。在這裡，我主要只能以綜合的分析方式對人體藝術形式的演變進行勾勒。

關於人體藝術這一表述或範疇，我在前一節從發生論的角度使用了以語言為核心的人體藝術和專門的人體藝術兩個概念。以語言為核心的人體藝術也可以看作是以語言為主要特徵的人體藝術，因此，也可以認為是一種語言藝術，或人體藝術的語言藝術，這種藝術實際上在今天幾乎是一種最為流行並令無數人狂熱的藝術形式，也就是人們通常所見的以歌唱為核心的，以舞蹈、器樂為主要配套要素的「流行音樂」表演（圖三）。這種藝術形式是人類最古老的、可能有了二十至三十萬年歷史了的「歌舞」，今天之所以仍然能夠令無數人處於祭祀間迷亂狀態地狂熱「流行」，乃在於這種藝術形式可以直接刺激、感染和激發在場者原始的、可以不需要理性內容的整個軀體的「夢囈」，或者說在場者的意識本能和情欲本能，在場者最簡單的身體物質形態和精神形態。在這種藝術中，「表演」者和觀眾構成為一個整體，互為表演、欣賞、呼

應和迷亂，試圖拒絕這種藝術對自己發生衝擊的唯一渠道只能是把自己置於非在場者角色地位的明晰的觀念理性，語言隔閡只導致感染和被感染的效率，生理和心理的狀態則涉及承受程度。專門的人體藝術是從語言的人體藝術中獨立出來的，在其發生階段是語言的人體藝術中的語言要素進行了萎縮乃至消失，也即語言從核心的地位演變為了附屬的地位，甚至不再構成藝術方式的必要因素。

　　「專門」這個規定詞，只是相對於語言的人體藝術而言。「專門」的人體藝術在其歷史演進中，有著不同的形態，從而分解出除文學、吟頌、演說、歌唱、音樂等的全部藝術形式，以及今天普通意義上認為的純粹的專門的或獨立的人體藝術。音樂是個比較特殊的藝術類別，它可以僅僅只指器樂，通常則是指器樂和聲樂的總合，就其成為專門的或獨立的藝術形式來說，晚於語言藝術、人體藝術和繪畫、雕塑，之前是語言和人體藝術的基本構成要素和元素，其最原初的或最簡單的形式在聲樂就是人們有節奏、聲調的語言形式，在「器樂」就是打擊樂——最早的打擊樂與工具或樂器無關，僅僅只是人類身體自身的有節奏拍擊，如拍手掌、拍胸脯及拍身體的其他部位，以及拍擊身外物體，如用腳蹬地等。今天普通意義上認為的人體藝術，是以裸露的身體並以這種身體形式作為表現形式和再表現形式的藝術類式。一個裸體女性以自己的胴體形式展示美，這是表現；將其拍攝成照片展示美，這是再表現。進行表現可以是相對靜態的，比如一個靜靜站立著的裸女，也可以是動態的，比如舞蹈著的她；古老的再表現方式只能是靜態的，所採

圖三　流行音樂服飾

用的是繪畫和雕塑形式，但這一點在現代獲得了突破，進行再表現者可以製作連續的照片進行連續的展示，當這些照片的連續性在技術上與人的視覺心理規則切合時，它們就製造出了相應的運動著的幻覺，成為舞蹈著的她的視覺幻覺複製——電影。

上述今天普通意義上認為的人體藝術是極其狹隘的，主要來說是一種幼稚的實踐，是在古老的人體藝術經過長期衰落後的幼稚實踐，是遺忘後的零碎記憶復歸行為，還沒有對此有理性的梳理。比如，關於人體藝術進行裸體的問題，在當代中國大陸這樣一個半開放社會，既是人體藝術「誘人」的所在，也是該藝術被沉重壓抑的所在，理性的辨析幾乎完全空白。中國大陸最著名的人體表演者湯加麗女士並不能說清楚自己美的所在，只能反復強調人體藝術不是為裸而裸，但是，不「裸」還有「人體藝術」嗎？（圖四）就今天普通意義上認為的人體藝術來說，裸體不僅只是手段，而且也是該藝術形式本身和進行表現、再表現的本身，因而，裸體是這種藝術進行創造的直接目的，不僅如此，性的表現也是其美的涵義的基本構成要素和元素之一，至於其深刻的內在人性的、社會的審美解放張力，在一個保守的社會歷史階段和環境中就更是蘊涵豐富了。

　　廣義的人體藝術是人類身體的一切藝術表現形態，它包括人體本身進行的表現、為人體的表現和通過人體行為達成的表現。人體本身進行的表現可以是裸體的，也可以是非裸體的，比如一個人體造型形式，既可以是裸體的造型，也可以是非裸體的造型，無論裸體、非裸體，該造型都是以一定的身體形式進行著表現。為人體的表現是圍繞著人體本身的表現進行的，比如紋身，它構成了人體本身進行表現的一個因素，附屬於人體並作為人體的一個要素進行著表現。但這種情況會發生異化，也即這種附屬的藝術因素發生了擴張，突破了藝術形式主體限制，從附屬的地位轉變為了主體的地位，成為借助於人體進行表現的藝術形式，比如當紋身成為藝術創作的主要目的時，人體演變為了該形式的載體形式和附屬形式，當代流行起來了的人體彩繪中的大量作品便屬於這樣的情況。服裝

圖四　人體藝術照

——或者說服飾——正是在為人體的表現中發明的。通過人體行為達成的表現包括兩個方面，一是人體行為本身進行的直接表現，比如舞蹈；二是人體行為通過一定的工具和外在物質對象進行的表現，比如器樂、繪畫、雕塑。繫於器樂、繪畫、雕塑所進行呈現的物質形式已不是人體本身，作為這些形式本身不再是屬於專門的人

體藝術，但它們——包括現代攝影、電影——當對專門的人體藝術形式進行表現時，則是專門的人體藝術的再表現形式。器樂表現過程本身總是與一定的人體行為結合著的，因此，就可以出現一種情況，即演奏者不僅要進行器樂表現，而且也試圖同時進行人體藝術的表現，比如一個邊舞蹈邊演奏小提琴的人，甚至這種舞蹈可以是裸體著的舞蹈，這是專門的器樂藝術與專門的人體藝術進行結合的表現方式，而不是誕生了一種新的基本藝術形式。至於服裝藝術——活著的服裝，在人們穿著狀態中的服裝藝術，在 T 型舞臺上表演著的服裝藝術——就其與人體行為之間的關係而言具有二重性，既是表現行為的，也是行為的表現，因而就兼具三種屬性：作為獨立形式的服裝藝術；作為專門人體藝術的一個類別；作為與專門人體藝術不能分割的、融合著的一種藝術。

　　對專門人體藝術的全部認識，必須從人體本身的表現進行。從人體本身的表現說，人體藝術可從靜態的、相對靜態的和動態的三方面進行考察。靜態的人體藝術是一種抽象，或著說是由思維把握的一瞬狀態，在現代則是現實的可以由照相技術予以定格的狀態，也即把人體僅僅視作為人體，不考慮其現實的存在方式。現實的活著的人體不可能是真正靜態的，而只能是相對靜態，比如靜靜地站立或端坐、臥躺在那裡。靜態的和相對靜態的人體狀態作為一種藝術形式是一種造型藝術，動態的人體狀態可以是趨向於靜態的造型藝術，比如現代健美表演中的姿勢轉換、體育競技專案技巧中的造型轉換，而作為最普遍、最流行、最經典的動態人體造型藝術是舞蹈。所有關於人物的雕塑和繪畫都是關於人體造型的表現和再

表現藝術形式，但這種雕塑和繪畫──以及現代人物攝影──在時空關係上則比人體藝術本身更自由，既可以把人物作為環境的配角而渺小化以消解對人體本身的造型，也可以僅僅只對人體的一部分比如頭、手、腳、性器等進行造型，以「放大」的方式突出這一造型表現，在電影中就是人物的特寫鏡頭。人體藝術本身不具有這種自由，儘管可以突出身體的某部分，但由於是由人體進行直接的現實表現，因此，無論對身體的哪部分進行了突出或遮蔽，所直接呈現的都是人體的整體。也就是說，進行現實表現的人體無論其部分呈現怎樣的形式，都是以整體進行表現的，任何遮蔽都不能將所遮蔽的部分從人體中消除，仍然只能是整個人體藝術進行表現的現實構成要素。把握這一點對於理解服裝藝術極其重要。

從靜態的角度說，人體藝術的具體表現方式可以分作四種：體現，變體，文飾，物飾。這也可以認為是人體藝術的四種基本形態或類型。

體現──或者人體體現、胴體體現──是純粹的或赤裸的人體的直接表現，是最本然的人體藝術形態。今天普通意義的或最常見的以赤裸胴體為基本方式和特徵的人體藝術，正屬於這一形態。由於人類來源於赤裸──在類的意義上是由赤裸進化而為非赤裸，在個體意義上是誕生於赤裸，並不得不時時地歸於赤裸──至少逃避不了和追求著性交赤裸，胴體之於人類具有本然的意義，並且，人體藝術也是人類處於普遍的裸體狀態下發生或形成的，因而，作為體現的人體藝術也可以稱為胴體藝術。胴體藝術是人體的整體展示或在這種展示中突出展示其部分，比如胸肌、性器。（圖五）

圖五　男性健美運動員

　　變體——或者人體變形——是通過對人的自然機體某個可以直觀的部分進行顯著的人為生理改變、改造後進行的表現，如果考慮到今天人類已經越來越具備了改造自然生理形態的技術和越來越普遍化使用的趨勢，也可以把這一人體藝術形態稱為造體藝術。毛髮的變形具有特殊性，包括體毛、陰毛、頭髮和鬍鬚的存去、梳理、編織，由於主要進行於頭髮、鬍鬚，因此可以稱為鬚髮藝術。

圖六　長頸族女子

圖七　非洲霍屯督女子

現代越來越濫觴的整容─包括增高及用手術改變肌肉形狀等──就其技術特徵來說，可以認為是進行了形體改變，可以歸入變形的人體範疇，但從其表現的形式仍然是人體本身來說，僅僅只是進行體現的人體藝術的一種技術方式─相關的其他技術方式包括豐乳、毛髮種

圖八　纏足女子

植、肢體或身體部位修造等。就歷史上所見的變體藝術來說，除了極其普遍的鬚髮藝術，還有缺牙、厚唇、垂耳、長頸、束腰、肥臀等類別的藝術（圖六、七）。中國小腳比較特殊，屬於變體之一種，但主要來說是一種服裝──鞋履──藝術（圖八）。

　　文飾是用顏料或貼皮（或紙）按一定規則或原則在人的體表附著進行的表現形式和方式。最古老的文飾是用血液、泥土、礦物顏料、植物顏料對整個身體或身體主要部分進行的一色或數色的簡單塗抹。當這種塗抹趨向符號化和象徵化時，其形式就形成了「紋」，這種「紋」是人類最早的繪畫形式。當人類根據崇拜儀式的需要，將這種技藝和形式在岩石、地面、樹身等上面進行表現時，在一定物質載體上進行表現的繪畫藝術品就形成了，因此，

文飾藝術是繪畫藝術之母，這一繪畫藝術孕育過程的出現應該是
在舊石器時代晚期或更早，至早應該是在晚期智人中、後期，也
即應該在一至四萬年前期間。就顏色的「塗抹」方式來說，文飾
可以分為臨時的、穩定的和永久的三種：臨時的文飾是在較短時
間內的表現方式，顏料很快就被清洗；長期的文飾是較長時間的
表現方式，顏料長時間留存在人體上，或淡化、剝落後進行添彩
以使文飾形式得以繼續留存；永久的文飾是在人類掌握紋身技術
後出現的，將顏料與肉體「生長」為一體，使顏色及其形式成為
肉體的一個生理性組成部分。就文飾與人體的體位關係來說，除
了全身文飾以外，可以分為面飾、身飾、臂飾、手飾、腿飾、腳
飾。面飾是在頸部以上面部進行的文飾，由於最主要、最普遍的
方式是臉部文飾，因此也可以稱為臉飾，這種藝術演變至今的輝
煌代表是中國花臉藝術（圖九）。今天仍然流行的文飾人體藝術形

圖九　中國臉譜之一種

式是紋身藝術，其主要存在體
位是身體、手臂、腿，如果從
其流行程度言，並不將其視為
僅僅是永久性顏料附著的，那
麼，文飾人體藝術也可以稱為
紋身藝術。美甲藝術——手指
甲與腳趾甲的美化藝術——在
現代可能有著較大的流行前
景。如果從染色的角度看毛髮
藝術，則毛髮藝術——或鬚髮

藝術——包含了文飾藝術的因素。癥痕藝術是一種特殊的古老文飾藝術，它是通過對人體體表皮膚進行創傷性切割造就的，從其對人體體表皮膚自然形態的改變來說，可以認為也是一種變體的人體藝術，但由於其目的主要是為了在人體體表生長形成一定形式的斑痕，這種斑痕是文飾性的，切割技術可以看作是一種對人體的特殊雕刻方式，因此，斑痕藝術核心的和基本的屬性是文飾的藝術。

物飾是用一定的物體形式附著於人體進行裝飾的人體藝術表現方式。在人類發明金屬加工技術以前的漫長年月裡，用作物飾的物體——或物質——有獸骨、獸牙、毛皮、魚骨、人骨、植物莖葉、花果、鳥骨、羽毛、石器或可能還有木器等。就與人體體位的關係言，物飾包括首飾、頸飾、臂飾、手飾、腿飾、腳飾、身飾、性器飾。首飾是物飾藝術中至今形式最豐富的，物飾因此在中國而有被通稱為首飾的習慣稱呼，甚至是相關行業的一種專業化稱呼（圖八）。首飾包括髮飾、耳飾、鼻飾、唇飾和以頭顱顳骨為依託的頭飾，頭飾的演化在服裝時代造就出了帽子。頸飾以頸部為基本裝飾，但當它垂延到一定程度，就過渡為了身飾。手飾包括手腕到五指的部位，主要裝飾於手腕和手指，腳飾與此類似，因此，手飾和腳飾也可以分為腕飾和指飾兩類。身飾是指對肩以下、臀以上人體部位的裝飾，是人體最大面積部分的裝飾，因此，基於其生理構造的特徵，身飾的繁瑣裝飾方式幾乎可以將任何飾物都予以串掛，簡約的裝飾方式則主要是乳飾、臍飾、腰飾。儘管物飾的物體形式極其豐富，至今仍然是人類最主要、最

複雜的人體裝飾藝術形式，造就著極其龐大的產業和消費市場，但是，就其進行裝飾的技術原則也即將物體形式附著於人體的方法來說，所有的飾件都不過是通過串掛、穿刺、套圍實現的。串掛的前提是飾件具備穿孔，從而利用這一穿孔將飾件裝飾於人體。穿刺的前提是飾件具備針狀尖刺，針狀尖刺可以是單一的，也可以是排列的──比如中國舊時平民婦女日常充作髮飾的梳子，除簪等髮飾外，穿刺於人體的物飾都是通過刺入皮肉以實現裝飾的，今天最常見的現象是通過穿刺出耳孔實現的耳飾，歷史上極端的例子則是用極其可能導致死亡的具有尖刺的對象──比

如箭、尖刀──刺入身體以達到特殊的裝飾效果，也就是說，儘管進行穿刺的物飾本身並沒有穿孔，但當其裝飾除毛髮以外的人體時，一定是通過製造人體的穿孔實現的。套圍是利用人體的柱狀體及其直徑的變化，將構成環狀的物飾套或圍在上端直徑較小處，或利用肌肉的彈性形成較小

圖十　英國維多利亞女皇

的直徑實現套或圍，採用這一方法的現代最流行的物飾是項鏈、手鏈、手鐲、腳鏈等。

胴體藝術的本然性決定了它較之其他形態人體藝術的原生性和古老性，但是，這並不意味著它從一開始就是燦爛的，恰恰相反，在舊石器時代及其之前的二十至三十萬年裡，這一藝術形態始終是不發達的。如果不考慮毛髮藝術形式，變形藝術是比較後起的，它的形成與胴體藝術出現的第一個高峰有著密切關係。但是，在人體藝術一形成的時候，該藝術作為人類第一種專門藝術就是成熟的或發達的，構成這種成熟或發達的是文飾藝術和物飾藝術。就現有的考古學證據來說，最早的物飾品出現於早期智人時期，經過精細製作的石珠是其典型器。屬於晚期智人的中國山頂洞人遺存中有華麗的穿孔石珠，這種石珠應該是發展了的典型器，是中國玉石文化的源頭。造就物飾藝術的技術性前提關鍵並不是打磨技術，而是人類對繩的發明——這一點是至今未被考古學所充分注意的。還在我讀大學課餘接觸了許多考古學資料時，對人類技術源頭的某些環節發生了困惑，特別是困惑於服裝的發明，我的注意力集中到了手斧上面，忽然聯想到兒童時期在農村要花大量時間搓繩的辛勞景況，猛然的省悟了，發覺很多手斧可能是被誤判了，它們並不是由手直接把握使用的手斧，而是由繩進行捆綁、與柄結合了的石斧。就用手握的石斧與捆綁了柄的石斧來說，兩者的考古遺存形式差異可能很小，但在技術本質上卻完全不同，前者只是單體的工具，後者則是組合了的工具，而組合所具有的意義是人類技術的一次關鍵變革，是人類以後全部物

理性技術的前提，造就和完成這一偉大變革的原因是進行組合的材料——繩——的發明。在自然狀態下，天然的繩——草莖、樹皮纖維、動物鬃毛等——幾乎無處不在，它的發明的關鍵不在於將其搓揉等加工，而在於對它們可以進行穿繫、將兩個單體物體結合為一件物品的功能的發現。這一發明的考古學證據在石斧就是可以用作捆綁的肩，更鮮明的證據就是有孔石器、骨器的「孔」，而骨針更是繩的運用已經充分發展了的突出證明。由於繩的運用，人類就可以將石珠、獸骨、鳥骨、魚骨、羽毛、毛皮等所有認為美麗的形式穿繫在自己的身體上了。這正是物飾在專門人體藝術形成時候就成熟或發達的技術原因。也正是由於繩的運用，毛皮或樹葉、草莖等成為了人體的一種裝飾形式，服裝才得以萌生或發明。

　　僅僅把人類文明發生之前的社會形態稱為原始社會，並沒有太多的意義，更重要的是，即使從早期智人出現後的歷史看，二十至三十萬年的漫長歷史比之不足萬年的文明史的短期也是足以看作為人類歷史的主體，用一個「原始社會」進行近乎空洞分析的概括只是文明的武斷，並不符合於思維的邏輯公正。人類文明出現以前的社會歷史，至少有著人群的、氏族的、部落的三種演進形態，或者說三種遞次演進的社會形態。嚴格說來，人類至今為止的歷史，如果從社會學角度說，分為了人群的、氏族的、部落的和國家的四個階段，或者，如果考慮到部落社會其實只是氏族社會向國家社會進行過渡的中間態時，甚至可以認為人類社會的演進主要是分為人群、氏族和國家三個大的階段。即使如此，

也仍然必須非常謹慎地運用一維的思維方法，因為，就像在美洲已經無疑證明的那樣，曾經有過輝煌的文明消失。構成今天世界文明的源頭是現實地、歷史地融滙了的，不能因此而絕對排除「大洪水」以前有過輝煌文明的可能。也就是說，儘管在沒有足夠證據下，不得不現實得按照一維的思維方式考察人類歷史，但仍然必須為多維的人類史留下一定的理性空間。

專門的人體藝術形成於人群社會。人群社會也可以稱為原始群或群社會，現代人類都來源於早期智人中的一個群。人群社會的人群是人的類的完全集合體，也就是說，這個群體完全由血親個體組成，並構成為人的類的種群，他們不認為還有其他的人的同類存在，自覺為是人類本身。就像今天可以從現代群體動物中經常可以看見的，群體隨時會發生一些個體游離出群外，但一般來說，這些游離出去的個體並不能夠足以維持生存和生育，其基因難以得到遺傳。但這並不絕對，同種動物有著多個群體在不同地盤生存著的現象，說明了當個體游離能夠獲得生存並進行生育時，個體的游離可以造就新的群體的誕生；如果當不是個體游離，而是群體由於某種原因——比如「王位」爭奪——造成分裂時，而這種分裂並不導致分裂了的部分失去生存和生育能力，新的群體的出現就有了比較大的成功率。對於人群來說，當新的人群出現並領地相鄰時，就會與類的自覺發生衝突，也即兩個人群都認為自己是唯一的人類，但彼此的血親關係又現實地證明著自己已經只是人類的一個部分，解決這一困境的唯一途徑只有戰爭，試圖將對方從自己的視野中現實地消滅，使自己保持「唯一」。這正

是人類不斷向全世界進行遷徙的直接動力——作為弱者的人群只能向遠方遷徙以逃避滅絕。也就是說，人類古老時代的遷徙除了地理災難導致的被迫外，直接的原因是為了逃避，新的領地只是實現逃避的結果。這一過程由於戰爭最終結果出現的漫長——即兩個人群之間的戰爭並不一定是很快就能夠顯示出滅絕性結果的，彼此可能需要幾十年、幾百年甚至幾千年的相持、相處和衝突，在其漫長的相持、相鄰階段，彼此事實上在同一個地域生存著，因此，就自然形成了「類」的區分，這種「類」的區分實際就是人群之間的文化分野。基於物種的生理性，文化分野首先是視覺性的，因此，它自然體現為了人群人體藝術的差異上，也即人群之間以差異的人體藝術形式視覺特徵以確定自己的唯一「類」性。這種特徵一當確定，就是極其保守的，構成了人群自然的屬性。氏族社會正是萌芽於這一過程中。

　　當人類人群的人口獲得增長，新的人群的形成也就更多概率。至少在舊石器時代晚期，人類的這一演進速度開始加快。從而就在地球的不少地域出現了這樣的狀況：在一個較之周邊地區更適合人類生存的地域，出現了多個人群共同相處的狀態，雖然這些人群的領地互相形成有習慣的邊際，並經常進行相互的「獵頭」行動，但總體來說並沒有一個人群擁有可以滅絕其他人群的絕對優勢，他們主要來說不得不進行和平共處。這樣，人群的類的自覺就得到了消解，取代而為了種族的認同，也即承認一切人群都是人類，但基於人群之間血親關係的遠近，人類發生了種族的分野，不同種族的人群雖然同為人類，但主要的關係是互相排

斥的；同一種族的人群也存在著排斥性，但主要來說是共處的，甚至是聯合的。這樣，氏族社會就形成了，每個人群都是一個氏族，血親關係相近的氏族屬於同一種族。從社會學的角度說，人類從動物的最終脫離，可以認為是在氏族社會形成中完成的，從人類學角度說，也就是一萬年左右前的從晚期智人演化為現代人類的過程。在這一過程中，人體藝術的演化既是需要，也是動力，氏族和種族的分野加深了不同氏族和種族之間的視覺形式分野，而人體藝術差異也推動了不同人群之間的氏族、種族異同確認，因此，人體藝術進入到了極其燦爛的高峰階段，尤其是在進入了新石器時代之後，由於人們利用外界物質能力的提高，人體藝術更是達到了輝煌。服裝正是在這一過程中出現並成熟的。

性選擇

　　如果從行為角度看性，性最集中的行為環節就是性交。性交的實現決定於性交機會。自從階級理論出現之後，階級和階級鬥爭觀念被擴大到了兩性之間，但這並不符合於生物的本來面貌，也與人類兩性之間普遍的本能的相悅事實衝突——兩性的差異僅僅只是差異，但差異不等於階級和階級戰爭。就如國王與農夫不是一個階級一樣，王后與她的女僕也不是一個階級，國王、農夫與王后、女僕之間除了是兩性還是兩性。尤其在動物界，根本找不到任何兩性衝突的普遍事實，相反，普遍存在的是兩性相悅的鮮明現象。無論是動物還是人類，如果兩性是一種衝突主導的關係，那麼，其類的存在就將是不可能，從而，也就根本不會存在物種。在性交源於兩性的本能衝動和作為生命的基本需求下，在動物的發情狀態中，之間主要處於取悅的、磨合的狀態中。恰恰相反，正是由於兩性之間的和睦，就發生了同性之間——特別是雄性之間——的性交機會爭奪，也即獲得性交機會的障礙主要不在於異性，而在於同性。如果把這種爭奪看作是「戰爭」的話，那麼，「戰爭」恰恰不是兩性的「戰爭」，而是同性的「戰爭」。

　　在非群體的動物，或者雖然組成集群但兩性構成長期、穩定對子的動物，性機會的獲取和保持在雄性是通過對同性的排斥實現的。在群體動物，同性排斥的本質並不發生變化，但具體的方式則

不一樣，「頭」或者「王」獲得的是對群內異性的性交優先權甚至獨佔權，被排斥的同性仍然在群內生存，這樣，就出現了性壓抑，在一些種群內不僅「偷情」行為時時會發生，而且在一些種群——比如一些獼猴群——甚至會出現肛交行為。至少從與人類比較接近的陸地哺乳動物來說，雌性處於基本性的地位，雄性則處於條件性的地位，作為基本性的雌性選擇著雄性，這種選擇主要是通過雄性之間的排斥實現的，也即雄性在同性中獲取優勢實際上就是為雌性實現了性選擇，從而被雌性接受，得到進行性交的機會。一般來說，雌性由於卵子稀有的內在的、非自覺的原因，在可以現實地得到性交機會的前提下，更本能地要獲得優勢的雄性，也即當性交機會只能由一個雄性提供時，雌性會現實地接受這個雄性，但當性交機會可以由數個雄性提供時，雌性接受的就是獲取優勢的雄性。雄性由於精子富足，便尋找著足夠多的性交機會，呈現出貪婪的衝動，從而，雄性間的衝突具有擴大化的傾向，也即一個優勢雄性並不僅僅為一個雌性確立自己的優勢地位，而且擴大至要為多個甚至所有雌性確立自己的優勢地位，從而，優勢雄性的基因就可能為多個雌性獲取。就性交機會的獲得而言，雌性是現實的，雄性是貪婪的，兩性間是互悅的。

那麼，什麼才是優勢呢？基於性行為內在自然的根本動力乃是基因或生命的遺傳，因此，性選擇優勢的核心就是生命或生命力優勢，這種優勢在雄性體現為生存優勢和性能力優勢，在雌性則是生存優勢和撫育優勢。雄性的生存優勢在一些物種也體現為撫育優勢，也即在子代誕生後與雌性共同撫育子代的甚至單獨

撫育子代的能力，但由於生存首先是個體和種群的生存，因此，生存優勢在雄性首先表現為對外來威脅的應對能力，除普遍的搏鬥能力外，在不同的物種有著不同的能力特長，比如在一些蹄類動物中體現為強勁的腳力，在一些依賴洞穴生存的動物體現為打洞和鑽洞的能力。由於生存優勢是應對外來威脅的優勢，因此更傾向於暴力。但性能力優勢並不能在外來威脅對象身上進行體現，因此，主要就是同類的競賽和競爭，這種競賽和競爭是發情特徵和性別特徵的比較，也就是互相比較發情特徵和性別特徵，以更發達、突出、強大的發情特徵和性別特徵顯示自己更優越的性能力，比如更漂亮的毛髮、更突出的叫聲、更紅豔的臉蛋或屁股。如果雄性性器有著明顯的視覺特徵，性器的炫耀就是自然的，但這當中比較複雜，應該還同時進行著嗅覺的競賽。當發情特徵和性別特徵也同時是身體的搏鬥能力及「武器」時，比如許多在發情期間長出發達的角的鹿和羊，比如會内剋的䬀性的利牙和爪子，那麼，性能力的競賽和競爭就可能會具有暴力性，彼此不僅炫耀發達的角，而且也進行著角鬥。由兩點決定了雌性性能力差異趨向於較小，一是無法接受性交的雌性其基因自然不能得到遺傳，一是能夠實現性交而難產的雌性其基因自然難以得到遺傳，從而，無法接受性交和容易難產的雌性在任何物種都趨向於較少。這一點也決定了雌性間性選擇優勢的差異較小。在非群體動物中，雌性的性選擇優勢沒有什麼太大意義，但在群體的或集群的物種中，當任何優勢雄性不能為所有雌性提供足夠性交機會時，雌性的這種性選擇較小差異開始顯示出了意義，也即具有優勢的

雌性更能夠獲得優勢雄性的較多性交機會。這樣，優勢雌性就發生了兩種傾向：一是更接近優勢雄性並迎合它，從中趨向於獨佔；二是與優勢雄性或已經建立性交關係的優勢雄性——對該雌性來說的現實的優勢雄性——建立起同盟，幫助該雄性在與其他雄性的衝突中獲取優勢。

　　性優勢還遠不是如此簡單或單調——如果僅僅如此，性優勢就成了一種簡單比較優勢，它的複雜性在於更有著兩性間的相悅行為層面。從本能的、自然的、直覺的角度說，性交是以性器官為集中點的以整個體覺為核心，兼以味覺、嗅覺並綜合以聽覺、視覺的感性行為，因此，任何性交都是指向於體覺滿足並進行味覺、嗅覺及聽覺、視覺交流的過程。趨向於簡單行為儀式的性交是較快或較直接進入體覺滿足的兩性行為，趨向於較複雜行為儀式的性交是較慢或較迂迴進入體覺滿足的兩性行為，不管是哪種行為儀式，任何性交都是有著一個前戲儀式或過程的，當這一前戲儀式被延伸或擴展時，這種前戲就與其說是前戲，更不如說是一種兩性的相悅行為儀式。因此，性優勢的獲取和顯示、炫耀，未必是緊接性交行為的，它更可以就是一種「平時」的行為，比如，一個在與其他物種動物搏鬥中獲勝的雄性可能得到更多接近雌性乃至雌性前來接近的機會；一個更殷勤舔嗅雌性身體、口鼻、肛門、性器的雄性可能更能夠被該雌性接受，例如在猴群中，互相更殷勤梳理毛髮和捉蝨子的兩隻異性猴子更可能發生性交，等等。

　　本書不是生物社會學專著，不便於在動物性選擇方面進行詳細展開。之所以簡略討論這方面問題，乃是因為動物的性選擇實

在是人的性選擇的自然基礎和歷史前提。這不等於人的性選擇，但是人的性選擇的原發的和原始的模本，深刻地隱藏在人的性選擇行為當中。如果從人類學角度看人類與動物性選擇優勢差別，那麼，實際上這個問題的實質也就是：人類較之動物最主要的性特徵是什麼？

是兩隻腳還是四隻腳，早在文明之初就已經被看作了人類與動物的主要區別。[1]兩隻腳與四隻腳的差別，也就是直立與非直立的區別。人類學誕生之後，直立一直被看作人類體格最重要的甚至是第一位的特徵。但是，直立並沒有多少物種的自然競爭優勢，它使人類較之四肢行走時更缺乏站立的穩定性，也不提高行走速度，似乎使人具有了更大的視野，但攀爬能力的極大衰減使這失去了意義。手的優勢誠然是巨大的，但在組合工具發明以前，這一優勢並沒有特別顯著的意義，而腳進行抓握的能力失去則使這一優勢存在極大折扣。腹部的袒露對於使用犬牙和利爪進行的搏鬥來說，幾乎是致命的弱點。吻部的收縮又嚴重地降低了進行搏鬥的能力……等等，幾乎可以找出由於直立而導致的無數人類弱勢。正是由於這種直立弱勢，才構成了人類必須不斷發明和依賴於工具，並在將工具作為自身物質外殼的狀況下繼續進化和進步，也即直立構成了人類物質化演進的自身核心動力。但我要反過來設問的是：人類為什麼直立？或促使人類向直立演化並完成這一演化

---

[1]　古希臘獅身人面神歇斯芬克斯謎語：「早晨用四隻腳走路，中午用兩隻腳走路，傍晚用三隻腳走路。」這個謎語令無數的過路者死亡。這謎語說明了早在古代人們就把兩隻腳走路普遍看作了人類的特徵。

的動力是什麼？天才的恩格斯將其中的原因歸結為勞動，彌補了以生產力、生產關係為歷史觀原點的馬克思的理論的邏輯基礎盲點，但恩格斯的這一觀點並沒有足夠的人類學考古依據，在形成直立人時，試圖直立的「人類」是否已經必然地、必需地而不是偶然地、偶需地使用了工具呢？

在現代大型猿類中可以看到，當其站立起來的時候，主要不是為了視野的放大，通常是一種顯示自己的行為，即通過站立以顯示自己軀體的偉大和力量。因此，這一行為總是配套著引起其他個體乃至敵人予以充分注意的躁動的吼叫、拍擊胸部乃至蹦蹉等動作，並尤其以雄性個體喜好進行這一行為。猿類拍胸這一動作，也可說是人類最本能、最習慣的顯示自己軀體能力的一個動作，中國傳統的習武者在進行對練或互相較量時，正式動手前或期間、之後總是會習慣性地用力拍擊自己胸部，以宣示自己具有力量優勢。但中國所有的拳種訓練套路裡其實很少會有這一「規定」動作。站立──或者說直立──在根本上並不是給野獸看的，人類的先祖不過是為了同類的目的而發生這一行為，但這一行為能夠固定為進化的方向，必然有其膚淺到深刻的恒久的感性原因和動力。這是性選擇的需要。

直立首先就使性器官暴露在了人體的視覺正面，性器官與視覺的這種關係，人類在動物界中是唯一的。性器官在視覺正面的直接暴露，有利於兩性間的性刺激。靈長類動物普遍的鮮紅的臀部說明了距離人類血系最近的物種中，具有強烈的暴露和顯示性器的傾向。今天公認的一個人類特徵，即人類是動物中唯一的裸

體動物，但是，人類並不從來就是裸體的動物。[2]在動物中，有不少種類是部分裸體，比如刺蝟的腹部是裸體的。裸體的意義之一是皮膚更敏感，更利於接受刺激，因此，即使最具有搏鬥能力的貓科動物，在其性器部位或周邊也具有「裸體」性，其毛髮較之身體其他部位更柔軟、纖細。人的裸體將性敏感度和刺激度提高到了極點，而直立則使之達到了完美。直立著的兩性，無論其使用什麼體位動作進行性接觸和性交，都能使彼此身體的相互刺激面積最大化。直立的另一個意義同樣是非常深遠的，也即兩性可以使用任意願意的或習慣的、方便的體位關係進行性交，陰莖可以從陰道口三百六十度的任意角度進行插入。今天公認的人類另一特徵，是人類不受發情期限制。如果僅僅從性交而言，兩性在任何季節、任何一天都可以進行性交。直立、性器官正面暴露、裸體、任意體位的性交、任意時間的性交，這些構成了人類與其他動物物種最明確、最直觀的生物差異系列，這些特徵不是分裂的，而是緊密互為的，彼此間互相促進和互為進化條件、因素和要素。裸體和無發情期限制的形成，與直立的形成應該是同步的，也就是說，人類的直立並不是直立這一孤立特徵，而是也包括著裸體和突破發情期限制。只有理解了這點，直立的優勢才可以得到確認。直立雖然使人類失去了一系列優勢，但由此得到了極其突出的優勢，即繁殖優勢。人類在直立中獲得了最優越的性能力，保證了物種的繁殖和延續，從此，人類的發展在根本上不再受自

---

[2]　關於人類裸體及其它一些身體特徵的進化形成，至今的研究還沒有特別一致的結論。我在這裏，將裸體與性選擇、直立、性交等因素進行了關聯。

身繁殖能力的嚴酷束縛，而主要受著自身智力、群體關係和獲取
外界物質能力的約束和限制，人類的繼續演進主要就在這三個方
向進行。

　　有一個問題必須要得到充分注意，即子代的撫養期限。人類
子代的撫養期限幾乎可以用漫長稱之，如果從人口增長角度看，
子代撫養期限的漫長是對人口增長的限制性因素，也即假設其他
因素一定的情況下，子代撫養期限越長則人口增長率越低，之間
成反比關係。從這個角度說，子代撫養期的漫長是對人類性能力
的反動。但這一點不能作簡單理解，子代撫養期可分撫養年限、
性成熟年限、成人年限。在現代中國多數地區，撫養年限較之以
往歷史為最長，子女已經成人而父母仍然承擔撫養責任的情況比
比皆是，性成熟年限則最短。這種現代經驗模式不能用於考察人
類先祖，在直立人階段，撫養年限與成人年限不會有什麼區別，
八、九歲的人已經成人，性成熟年限則在之後。我幼時在農村跟
祖父母一起生活時，十歲就要從事大量農活，可以挑兩木桶約五
十公斤的水穩步走一華里路程，遠離農村生活十多年後，作為一
名指揮數百名士兵的軍官回鄉，卻是挑三十公斤稻秸走不出十步
就歪倒在水溝裡了。遠古人類的兒童所具有的「勞動」能力，是
完全的「勞力」，因此，不能按照今天的經驗模式放大子代撫養年
限對人口的限制作用。但是，即使假設子代撫養年限為八年，較
之絕大多數大型哺乳動物來說也已經足夠漫長，這一漫長與直立
有著密切關係。由於直立，子代體格就比較幼稚，必須有足夠的
時間得到強化，因此，這是人類直立的一個重要弱勢，但是，這

一弱勢反過來看恰恰是一種非常關鍵的生物優勢，即智力的培育。正因為撫養期限的漫長，人類就天然地擁有了教育優勢的基礎，使子代能夠得到充分的智力積累和培育。在不考慮生理進化的前提下，人類智力的演進與兩個因素密切相關，一是撫養期限的漫長所自然導致的充分教育，一是與性成熟期的漫長相應的壽命增長導致的知識、經驗積累，尤其當人類放棄殺死或殺吃老人後，知識和經驗的積累更是進入到了加速期，從而為文明的誕生奠定了直接的精神基礎。

由以上可知，人類性選擇較之任何物種都要複雜，這種複雜性尤其發生於兩性的相悅中。雖然人類進行性交特別地具有方便性，幾乎在任何時候、任何地方都可以進行，[3]但正因為如此，就更強化了兩性相悅的持久性——在任何時間、任何地方發生兩性相悅的行為。也就是說，人類在任何兩性共存的空間裡時刻進行著性選擇，個體隨時顯示著自己的性優勢。這樣，人類就從以同性競爭為主的性優勢演化為了以異性間相悅為主的性優勢。性交進行時的體覺滿足仍然是性選擇的核心目標，但是，裸體特徵更發達出了兩性肌膚接觸的膚覺、視覺、味覺滿足。現代人嗅覺的退化與膚覺、味覺、聽覺、視覺的充分滿足有密切關係，但仍然是非常重要和敏感的。兩性味覺的滿足至今是極其必要和發達的，這一點集中體現在接吻行為儀式的濫觴中。聽覺的滿足在人類極其複雜，就直接的性交過程來說，人類有著古老的把叫聲喊

---

[3] 我經過觀察發現，人類是女性／雌性可以實現對男性／雄性強姦的唯一物種。

至讓整個村落社區聽到的傳統,這種傳統在文明時代演化為了兩性間的叫床相悅習慣,這一點突出體現在技術性叫床即偽裝叫床的普遍現象上;至於間接的聽覺滿足,則充分體現在發達的語言和音樂中。[4]視覺的滿足同樣是極其複雜和發達的,尤其在現代發明了視聽技術之後,更是達到了洪水般氾濫的程度。總之,人類性選擇是以兩性相悅為主要特徵的,並更具有感官性,其中尤其以膚覺、聽覺和視覺的滿足為突出。在這種性選擇中,由於視覺更具有空間自由性,也即當兩性空間關係為非接觸的、非接近的和非語言溝通的時,視覺依然可以成為性選擇的現實方式。

視覺的這一性選擇特殊功能,對於解決認識乳房的進化機制有著關鍵意義。除了直立、裸體、無發情期限制外,人類與動物還有一個非常重要的區別,即乳房。誠然,人的——尤其對於現代人來說——軀體與動物的軀體在每個細部都是相區別的,但絕大多數的區別只是差別,而不是有與無的區別,比如手,靈長類動物基本與人一樣有著「手」,有的物種甚至與人非常接近,彼此的區別不屬於有、無的層面。直立、裸體、無發情期限制與動物的區別之大已經不是差別,而已經屬於了有與無的層面。哺乳動物的乳房只有當在哺乳狀態時才會發生,不哺乳時就「消失」掉了,而人類女性的乳房則不是在哺乳狀態才發生,當其發育時就發生,並逐步發達,無論哺乳還是不哺乳,都不會「消失」,始終以發達的形式存在著。因此,人類女性的乳房與動物的乳房區別

---

[4] 語言和音樂的節奏性與心臟和性交的本能節奏有著深刻關聯。

已經不是一個差別問題，而是已經處於了有與無的層面。永恆的女性乳房，這是人類較之動物的顯著區別之一。但是，動物乳房證明了一個事實：人類女性乳房源於哺乳期間乳房。那麼，哺乳的乳房怎麼會演化為永恆的乳房呢？

　　無論雄性承擔了多少子代撫養功能，但有一樣功能是絕大多數哺乳動物的雄性無法承擔的，這就是哺乳。哺乳既是子代的撫養，也是生殖的一個環節，也即雌性的生殖不僅是子代從其子宮中成熟而出，而且也必須以哺乳為必要環節。誠然，在群體的或集群的動物中，會有其他雌性承擔哺乳「義務」的情況，但這終究是雌性的「義務」。就性選擇而言，由於性選擇的終極指向是生殖，因此，哺乳就是雌性性優勢的一個要素。在大型哺乳動物中，哺乳能力是那些必須保證種群「牲口」數量的物種的普遍特長，這正是今天人類可以通過進一步馴養以享受牛奶、羊奶、馬奶等的自然基礎。人類撫養子代期限的漫長更需要強化女性的哺乳能力。僅僅在三、四十年前，中國發達地區江浙一帶的農村，女性哺乳幼兒三年還是可見現象，現在在貴州、雲南一帶少數山區，婦女哺乳二至三年的情況也還是不少。我所瞭解的六、七十年前的個案，最長的哺乳期限甚至達到了六年之久。繫於哺乳期間一般不能懷孕的基本生理機制，我猜測這正是人類突破發情期限制的直接生理動因。哺乳期限的延長雖然降低了懷孕的機率，但更保證了子代的存活率，從而在整體上提高了繁殖效率。更具有哺乳優勢的女性更具有使子代存活的優勢，從而，也成為了她的性優勢。這種性優勢在

視覺形式上，體現為女性發達的乳房，也就是說，具有發達乳房的女性基因更容易得到遺傳。乳房的永恆化與作為人類先祖的女性在其性發育後就發生懷孕性交，並在其哺乳結束時又發生懷孕性交有密切關係，雖然在哺乳結束與再次懷孕、哺乳間會發生乳房的收斂，但連續的懷孕性交使其乳房總體上呈發達形式。也就是說，乳房的永恆化是與直立、裸體、無發情期限制同步形成的。

　　乳房雖然是女性在視覺上最顯著的特徵，但乳房本身並不是生殖器，而只是進行哺乳的女性人體組織。就性敏感程度而言，乳房與嘴唇、口腔、肛門乃至耳朵、臉頰、脖子、肚子、臀、大腿等並沒有根本差別，其在現代人的性敏感意義，與其說是生理的，不如說是心理的。在通過意淫即可達到性高潮的現代男女來說，誠然有通過對乳房的刺激就達到高潮的，但也有著通過接吻和刺激耳朵、脖子甚至手指、腳等達到高潮的。事實上，僅就中國而言，即使在有史以來最為性保守的「文革」期間，女性裸露上身也還是常見的現象。以我孩提時生活的江蘇常州農村為例，也即三、四十年前，當夏季時，四十歲左右以後的中老年婦女在人數不多的異性眾人面前裸露上身是普遍的現象，有一次，我甚至看見一位三十出頭、村裡最漂亮的年輕女性裸露上身在村邊走過，她那豐滿、漂亮的乳房永遠印刻在了年僅七、八歲的我的腦海裡，要知道，所有這些婦女都是極其性保守的。之所以最為性保守的婦女會因為「炎熱」而裸露乳房，但又絕對不會在她們認為的正規社交場所和異性特別眾多的場合發生這樣的行為，乃在

於永恆的乳房的永恆的悖論：乳房並不是生殖器，但又是女性最鮮明的視覺性徵，因而有著女性第二性器的意義。

　　與乳房的永恆化相對立的情況是陰毛的殘存。腋毛和陰毛都在人體的視覺正面，它們的進化原理應該具有類似性。陰毛的特徵，是分佈在性器上及其周圍，以現代人的視覺習慣，它是極其被注目的。但是，當性器僅僅被視作陰莖、陰道時，則恰恰相反，陰毛正是喧鬧中的寂靜，是最容易被忽視的，也即當人的視線集中到性器時，其周圍恰是容易被忽略或發生視覺模糊的。理解這一問題，必須要注意人類先祖對性器的確定與現代人有著很大不同，他們所認為的男性性器只是陰莖，較晚才把陰囊歸入這個範圍，而所認為的女性性器主要是陰道，這正是割禮的生理觀念依據。這種觀念實際在現代依然是流行的，A 片——表現性交行為的電影——中，女性外陰陰毛甚至所有陰毛通常都被剃掉。因此，雖然陰毛殘存著，但陰莖並無毛髮，女性外陰的毛髮比之上部的陰毛遠要稀疏得多。但陰毛終究是一種殘存現象，也即人類在裸體化的過程中，陰毛還是屬於被淘汰的範圍，因此，陰毛殘存的個體差異是很大的，在同樣種族的人群中，有些個體的陰毛比較濃密，有些個體的陰毛則比較稀少柔軟。一種特殊情況說明了這一進化方向，也即在中國女性中有一些沒有陰毛的個體——傳統稱為「白虎星」。[5]這種特殊情況不是返祖現象，而是已經中斷了的進化方向的個體變異和顯現.

---

[5]　繫於相似的原因，人類也有無腋毛的個體。

　　就感性形式而言，人體藝術主要是一種視覺形態。作為一種視覺形態，人體藝術是人類進化過程中的自然產物，也是人類進化過程中的一個重要自然因素，對人類的進一步演化發生著越來越深刻的作用。服裝是作為人體藝術中的一個組成要素而萌生的，並對人類的進一步進化——特別是性選擇——形成了深遠的意義。

性遮蔽與性禁忌

一般認為，服裝的發明是人類出於禦寒等實用目的，但這並沒有足夠的可推敲性。黃能馥與陳娟娟的《中國服飾史》是部關於中國服飾歷史比較完備的、具有教科書模式的很不錯的著作，但在服飾的發明問題上既沒有實證，也缺乏純粹的理性演繹。兩位作者介紹說：

> 西方人類史學家認為在舊石器時代的中晚期，大約在尼安德特人階段已經使用獸皮作為衣服，尼安德特人距今七萬至十五萬年，他們利用刮削器將獸皮上的肌肉刮去，用手揉搓或用牙齒將獸皮咬軟，然後毛朝裡皮朝外披在身上，用皮筋、皮條捆住，這就是最原始的衣服。這種獸皮衣服沒有經過裁縫縫紉，而是獸皮的原形，它只是在寒冷的氣候條件下用來禦寒。[1]

關於中國這塊土地上服飾的發明則更是不假思索地拍起了腦袋：

> 五十萬年前北京人處於溫暖的大姑—廬山間冰期，已使用數以萬計的石器，……既然他們已經懂得利用獸骨製作工具，

---

[1] 黃能馥、陳娟娟：《中國服飾史》，上海人民出版社，2004 年版，第 15 頁。

　　在隆冬臘月，食其肉而寢其皮，自然也可能利用獸皮來護身
禦寒。[2]

　　人類最早的服裝採用的材料是否就一定只是獸皮？如果不
是，則上述猜測就完全錯誤。僅僅就獸皮而言，人類當那時，食
用所獵獲的野獸是進行了剝皮嗎？或者說，人類當那時食用野獸
採用的是什麼烹飪方法？進行剝皮烹飪已經是很高級的方法，當
人類進行烹飪僅僅只是使用篝火時候，剝皮既是很大的食物浪
費，也對燒烤來說並無太大意義，「茹毛飲血」並不在乎毛在野獸
表皮上的附著。至於五十萬年前的北京猿人已經「寢其皮」，用動
物毛皮作為睡眠時候的鋪墊物，僅僅是一個狹隘民族主義考古學
遐想玩笑而已。由這遐想玩笑進一步遐想玩笑出的「可能利用獸
皮來護身禦寒」，就更是不著邊際了。

　　首先要確認最早的服裝是怎樣的？就現有的人類學資料
言，人類最原始服裝的基本形式只是胯部乃至僅僅陰部的簡單
遮蔽（圖十一）。這一點作為一種意識形態，極其深刻地殘留
在了人類文明時代的藝術形式當中，在歐洲美術史裡，有大量
裸體人物作品被用樹葉或其他盡可能的方式對陰部做了最低
程度遮蔽，而在現代服裝體系中則典型地體現在僅僅遮蔽了性
器的女性丁字褲上，其實，所謂的丁字褲是人類古老的服裝傳
統，現代日本一些傳統活動中的「裸體」男性所穿即是（圖十
二），這種形式的褲子至少可以上溯到古埃及、古希臘時代（圖

---

[2]　黃能馥、陳娟娟：《中國服飾史》，上海人民出版社，2004年版，第15-16頁。

圖十一　尼安德特人蠟像

十三）。這樣的服裝如何能夠起到禦寒作用呢？可見服裝的發明與禦寒等實用目的並無直接關係。甚至可以認為，這種所謂的服裝——丁字褲——已經是發展了的形式。

在二十至三十萬年前甚至更早些的時代，就與外界氣候的適應關係來說，人類與其他物種一樣，都是在自然選擇中的環境切合關係，人類唯一的差別是使用了火，在與火堆的接近中獲取溫度。但這一點不能進行意義放大，因為，如果人類因此而形成了對火堆溫度的依賴，則會導致種的退化，在人類還沒有進步出足夠的物質外殼時，失去離開火堆進行活動的能力是毀滅性的。也就是說，人類與環境之間的關係並不需要發明服裝，只有當人類擁有製作服裝的足夠材料，並且這種服裝具有禦寒等功能時，服裝才會調整人類與環境之間的自然關係。在種植業和編織、紡織發明、成熟以前，具有禦寒功能的服裝其材料只能是毛皮，但毛皮首先是食物，因此，當毛皮被用作禦寒材料時，必須是人類已經可以擁有一定足夠的食物，從而將「多餘」的毛皮用來禦寒。此外，必須注意的一個技術性因素

圖十二　1890 年代的日本相撲選手

圖十四　約攝於 1900 年的非洲
贊加河畔的兩位少女

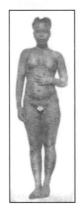

圖十五　約 1900 年
的安達曼群島女子

是皮革的製作工藝。從動物身上直接剝下的生皮是無法成為服裝材料的，只有當人類發明了皮革的製作工藝後，毛皮——熟皮——才可能被採用為服裝材料。從這個角度說，人類製作禦寒的服裝，至早應該是在晚期智人階段，但這時候，「服裝」已經發明二、三十萬年了，或至少已經發明十五萬年了。

　大直徑的套圍裝飾，它實際只是腰胯部的一根「項鏈」，或者說就是一根「腰鏈」、「臀鏈」（圖十四）。當這種裝飾發展了的時候，在人體正面出現了垂直或正傾向於性器的逐步發達形式（圖十五）。這種形式具有兩個特點，一是鏈被加寬，由鏈成帶，即在腰部形成帶狀物飾；一是形成指向性器的下垂遮蔽傾向。當進一步發展時候，這種鏈形裝飾就構成了視覺正面的性器遮蔽（圖十六）。這種發達的鏈形裝飾已經幾乎可以看作是一種比較成熟的服裝——裙子。

圖十六　約 1900 年的非洲奧瓦姆博人少女

當鏈形裝飾不是向寬度發展，而是其中人體正面的下垂形態得到發展，繫於腰部套圍裝飾鏈的垂掛物就得到發達，形成了以垂掛物為主要特徵的裝飾（圖十七）。這種裝飾已經達到了對性器的直接遮蔽，雖然這一遮蔽並不完全和徹底。人體正面的垂

圖十七　約 1900 年拍攝的非洲祖魯族少女

掛物其根本的作用並不是為了遮蔽性器，而是為了進行裝飾，因此，它就可能得到進一步的發展，垂直向下演變為長長的條形裝飾，而性器的遮蔽則是其衍生出的功能（圖十八）。可以把前一種還沒有發展了的垂掛物和後一種發展了的垂掛物看作兩種不同類型，稱為短性飾簾和長性飾簾，總稱為性飾簾。必須要注意的是，當人體正面的裝飾得到發達的時候，人類並不忽視人體背面的裝飾，比如前面述及的肥臀變體，其美的形式正是在人體背面。特別是紋身藝術，由於人體背面的面積較大，後背和臀部通常是最重要的表現空間。非洲有一種古老的瘢痕藝術，所模仿的應該是被崇拜的鱷魚外形，人體背面是主要的製造瘢痕的面積。人體背面的裝飾與後插式性交方式有深刻的關係，具體的裝飾類型和風格則有其具體的動因。對動物尾巴的模仿是尾飾的動因。當人類能夠做成人體正面的性飾簾時，在人體背面做出尾飾也不會有技術障礙（圖十九）。

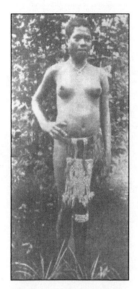

圖十八　約 1900 年拍攝的
阿德米勒爾提群島女子

　　人體背面的裝飾意味著人類具有向全身裝飾的天然衝動，而尾飾的存在則證明了人類具有著將性飾簾向後股演化的自然傾向。這種演化從純技術角度說，只能有兩種途徑，一是性飾簾從兩側向後延伸，或者與尾飾聯合為一體，從而就構成為了裙；一是性飾簾從兩腿間向後包裹，或者通過這種方式與尾飾聯合為一體，從而就構成為了褲──丁字褲。就現在可以獲得的證據來說，草裙的演變過程是比較清晰的。在腰部鏈飾向性飾簾演變的過程中，人體正面指向性器的下垂物不過就是一叢「草」──散開的繩頭（圖二十）。當這種垂飾足夠大密時，也可以把它看作已經是一種原始的性飾簾。當它被仔細加工和排列的草取代時候，就構成由草做成的精細的性飾簾（圖二十一）。當草製性飾簾為短性飾簾時，演變為環繞整個臀胯部則構成為了短草裙（圖二十二）；當草製性飾簾為長性飾簾時，演變為環繞整個臀胯部則構成為了長草裙，這在現代依然是作為太平洋島嶼土著文化的特徵之一而被人們所熟知。

圖十九　約 1900 年的非洲赫爾羅人

圖二十　約 1900 年的婆羅門群島女子

圖二十一　法國實寄明星片中的新　　圖二十二　新赫里多尼亞島實寄明
　　　　　赫布裡群島持弓女子　　　　　　　　星片中的洛亞蒂群島女子

　　在裙和褲這一萌生、演變的過程中，人類應該也使用了小快
獸皮，但由於食物需求和制革工藝尚未發明，這種使用僅僅只有
偶然的意義。偶然使用獸皮的動機，是毛皮華麗的色彩和花紋的
吸引，在崇拜中具有模仿對象的屬性，這種情況到了新石器時代
才趨於發達。中國馬家窯文化彩陶中有一件出土於青海大通縣上
孫家寨的彩陶器，其內壁繪有一幅舞蹈圖，一組做著同一舞蹈動
作的的五人，兩腿間向外有一相同方向的垂飾物，這件與頭部垂
飾物方向相反的物件是誇張了的陽具象徵，這一碩大的陽具說明
了舞蹈者同時也穿著遮蔽了真正的陽具的簡單服裝（圖二十三）。
裙較之丁字褲，不僅在材料上更具有原始性，而且在製作上也更
具有便利性，因此，裙是人類更古老、原始的服裝形式。無論是
裙還是丁字褲，都沒有什麼禦寒意義。

圖二十三　青海大通縣上孫家寨出土
舞蹈圖彩陶器

針的發明說明，裙這種套圍裝飾出現之後，很快就被固定了下來，成為了一種最重要、最必需的人體裝飾形式，以至於要用針來方便於進行經常的串繫。[3]這與裙的特點有關。不管用什麼材料，套圍的形式決定了其具有遮蔽功能，這種遮蔽功能可能是隱約的，也可能是完全的，但發生遮蔽則是一定的。草裙即使是用草串繫而成，並具有隱約性，但終究是遮蔽的，這種遮蔽包括著性器，但導致其固定化則與性器並無直接關係。人類後來狂熱地進行性崇拜，並曾以性器暴露和突出為榮耀，證明了人類對性器的暴露並不具有天然的忌諱——性器的暴露本來就是自然的，是促成人類直立的因素之一，並是人類直立過程中的一個巨大進化成就和結果，而今天的人類則還存在著露陰癖者。

遮蔽的發生直接與陰毛有關。在人類裸體化的過程中，陰毛的發達是個反動，這一反動本來是自然的，但當其被遮蔽，就突出了其反動性，由這一反動性而進一步導致形成了陰毛羞恥，陰

---

[3]　不能認為針的發明一定與服裝有關係，它更可能是人類出於編織網罟的需要。也即繩的發明導致組合，而繩與繩的組合則促使了針被發明。

毛羞恥則需要陰毛遮蔽。現代女性陰毛羞恥更深刻的本能背景是男女都有的陰毛羞恥，這種羞恥在女性身上更為強烈和深刻，這是因為在進化程度上，除了意義並不很大的腦容量差異外，就視覺形式的裸體程度而言，女性比之男性更優越，性能力女性也比之男性更強大，也即在性的方面進化程度更高，這樣，陰毛的殘存在女性就較之男性更具有突出性，從而也就較之男性更具有羞恥性。這一更強烈的羞恥性在後來父系文化和男權文化背景下，轉化為了女性陰毛自卑。[4]

人體裝飾演化為陰毛遮蔽，如果從現代將陰毛看作主要性徵之一的觀念說，這種裝飾就是演化為了性裝飾和性遮蔽。這是人類全部性保守的原始起點。但這樣的視角不能取代歷史本身，陰毛遮蔽的性意義在其發生階段，只能從泛性的性選擇角度確定，它的出現並沒有使人類在「拋棄」陰毛的道路上走遠，恰恰相反，正因為陰毛的被遮蔽，它的性意義反而被壓抑了，它在遮蔽中得到了進一步的保留。從這個角度說，正是由於服裝的發生，人類的裸體演化便進入了滯緩的甚至反動的狀態。但禦寒的服裝發明比較晚近，因此，陰毛依然發達著，體毛則得到了進一步的高度蛻化。

就性器本身來說，裙和丁字褲主要遮蔽的是陰毛，而不是性器。由於隨著裸體化程度的提高而不斷強化的陰毛羞恥，裙和丁字褲的裝飾性也發生了悄悄的變化，它越來越不是為了裝飾的裝

---

[4]　在現代，女性陰毛羞恥在流行的腋毛羞恥上得到映現。當服裝會暴露腋毛時，越來越多的女性將腋毛視作為一種羞恥，將腋毛的暴露視作為不雅，從而將腋毛去除。同樣的心理促動，女性刮體毛也成為流行。

飾，而成為了為遮蔽的遮蔽，也即裙和丁字褲的華麗形式逐步失去了意義，它主要是件遮蔽物了。這在近現代熱帶部落人群中還是可見現象，那些遮蔽性器和陰毛的的人們所使用的遮蔽物，已經並不注重突出視覺華麗形式。這一轉變的意義是深遠的，也即它的實用性成為了主導。人類在全球化遷徙過程中，需要就地取材進行遮蔽，實用性大大擴展了可以取材的範圍，尤其在使用獸皮時，人類已經不需要注重毛皮的形式華麗，而只要注重解決毛皮的使用功效程度，於是，製革工藝的發明就取得了動力。當人群能夠獲得足夠多的野獸並發明了製革工藝，人類開始固定地使用毛皮做裙子及衣褲時，其禦寒功能才顯示了出來，這樣，遮蔽就不再只是對陰毛的遮蔽，而成了對「身體」的遮蔽，從而就可以突破裙和丁字褲的形式，遮蔽需要遮蔽的和可以遮蔽的身體部分，服裝的發明最終完成了。從遮蔽身體的面積而言，寒冷和比較寒冷的地區其服裝的面積較大，裸體的程度較小，從而導致寒冷地區人群裸體進化程度較低，體毛較為發達。

但服裝的實用性並不能取代其與性的意義。在上述服裝實用性演化過程中，有兩個環節仍然是不清晰的：一是遮蔽陰毛的裙和丁字褲是否仍然繼續主要遮蔽陰毛？二是人體本身的視覺性選擇為什麼會接受對裙和丁字褲形式的突破？

在群的或類的意義上，人的進化有著追求人口增長深刻的、現實的傾向，這種傾向在總體上只是到了現代一些人口眾多國家才發生反動。在人類還沒有發現子代是兩性性交後的結果時，性交的生殖性是內在於人的生命體的本能規定，性交行為本身是生

理衝動的實現方式，而生殖則是女性天然的生命性特徵。因此，在不考慮壽命增長因素和「老年」人口增長因素的前提下，人群人口增長的直接動因自然被歸結到女性身上。女性與人口增長的自然關係，首先決定於女性壽命。由於人口年齡較低，女性活到不會生育的絕育年齡概率較低，因此，成年女性似乎有著絕對生育能力，女性年齡越長則可以生育的子代越多，這構成了人口「老齡化」的原始動力。要做到這點，女性健康就有了特別的意義，這也構成了人類醫藥的最早源頭。女性健康狀態自然主要決定於女性自身的感受和判斷，[5] 並按照這種感受和判斷調整人群行為和關係，比如女性與男性在獲取食物的活動上越來越拉開了距離，出現了分工化，不再成為與野獸搏鬥的主力。這當中當然地包括性行為的調整，從而形成經血禁忌。經血禁忌就是在女性月經期間兩性停止或不允許發生性交。現代醫學已經證明，女性月經並不影響發生性交，但是，月經期間性交應該注意「技巧」，不然，女性子宮較之平時容易遭受創傷和感染。當陰道發育尚不成熟時，性交對於女性來說可能是極其疼痛的，從而就形成了女性的成年禁忌，也即女性的性發育年限與成年年限發生了分離，不再是發育即性交，而是「成年」才可以性交。這是人類成年禮的起步，並且，人類對於女性成年禁忌的保守總體上始終是堅定的，現代甚至成為了嚴格的刑

---

[5] 病人自身對健康的感受和判斷是疾病確認最古老的基礎，無論是中醫還是現代西醫，病人自己的陳述至今還是病例診斷的重要依據，所有醫生從他者角度的診斷當還不成熟時，就只是附屬的要素，成熟後才獲得主要診斷地位，至於現代醫療儀器和化驗等的診斷僅僅只是「現代」的，是後發展出的診斷要素。

法規定，比如中國大陸刑法規定與十四周歲以下女性性交屬於
強姦。

　　無論是經血禁忌還是女性成年禁忌，在人體部位上都是指向女
性性器，因此，自然延伸為了女性性器禁忌。這一禁忌隨著歷史的
延續，已經深刻地內涵在了人類心理的深層，比如在中國，逗笑男
孩生殖器的情況很常見，但絕難發現有人會取笑女孩生殖器的。我
幼時在農村游泳時，男孩、女孩都是赤裸著一起在河裡，包括女孩
也經常會一起拿某個男孩的生殖器玩笑，但大家從來沒有發生過拿
某個女孩生殖器玩笑的情況，即使都是毫不瞭解性的孩子，但在所
有人的潛意識裡這是絕對的禁忌。作為禁忌，自然就需要遮蔽。這
種遮蔽的自然性已經由陰毛遮蔽提供，也即女性性器的遮蔽已經由
裙和丁字褲現實地進行著了。從形式上看，從陰毛遮蔽演化為女性
性器遮蔽並沒有發生任何變化，裙和丁字褲還是裙和丁字褲，但其
內在屬性已經發生變化，它已經是直接的性遮蔽，是對性行為乃至
性願望的明確視覺乃至觸覺的限制和抑制。這種限制和抑制恰恰不
是主要針對女性的，而是主要針對男性的，也即通過女性性器的遮
蔽實現男性視覺乃至觸覺的阻斷，以限制和抑制男性的性衝動。這
樣，男性的性衝動就也要被遮蔽了。

　　男性性衝動的特徵是非常鮮明的，勃起的陰莖與垂萎的陰莖
完全是兩種狀態，因此，對男性性衝動的遮蔽具有物理抑制的特
點，這種特點構成為男性性遮蔽的一種趨向，導致將男性陰莖壓
迫住的「技術」誕生，也即「褲子」的出現。最簡單的「褲子」
是在腰部圍繫一垂直物壓迫或包裹住隨時可能不老實的陰莖，這

就是傾向於緊身的「丁字褲」。可見，男性性器遮蔽是源於勃起遮蔽。較之垂萎的陰莖來說，勃起的陰莖暴露是被嚴格禁忌的。歐洲美術史中，暴露男性性器的形象具有傳統，但我沒有看到過一例屬於勃起狀態的人物繪畫和雕塑作品，對此我曾長期無法解開這一癥結——也許有這樣的形象，但並不改變非勃起形象的普遍性。其中的根由是非常古老的：勃起的陰莖被公開暴露是猥瑣的，甚至是罪惡的。中國民國時的江南一些地區用水車灌溉農田時，由於考慮到褲子非常容易磨損，因此，很多踏水的男人什麼都不穿，這是很正常的現象，路過婦女也不在乎，但我祖父告訴我，男人最不可以做的動作是「對著過路女人」，也即陰莖勃起後將陰莖指向過路婦女，不然，這個男人會受所有人譴責，過路婦女甚至會跟他拚命。陰毛羞恥也是男性性器遮蔽的動因之一，但主要的動因是勃起遮蔽。無論是陰毛遮蔽還是勃起遮蔽，男性性器遮蔽都源於和應因於女性性器遮蔽，因此，男性性器遮蔽是次一級的禁忌方式，直至今天，男性性遮蔽乃至整個人體的性遮蔽，依然是較之女性寬鬆放任的。

　　兩性性器遮蔽一當形成，便與兩性性選擇形成了對立關係。雖然性器遮蔽形式具有一定的裝飾意義，但就遮蔽本身來說是實用形式，而性選擇是整個人體的，在視覺上就是整個人體的視覺形態，性器遮蔽等於使整個人體的裸體視覺藝術發生了殘缺。在這一對立關係中，人類只有三個出路：一是拒絕乃至放棄性器遮蔽，依然保持和恢復完整的裸體形態，這在歐洲人探索新大陸過程中是很常見的「野蠻人」現象；一是維持性器遮蔽，但拒絕對人體的更多遮蔽，

這在文明時代是被看作野蠻至半開化的；一是將性器遮蔽擴大化，以至於整個人體的遮蔽。如果不是從種族角度，而是從文化角度看，可以認為這是人類文化最早的分化動因和形態，是人類文化分野的最早起點。也就是說，服裝的差別史也是人類文化的分野史。正是在這一過程中，禦寒需求成為了從性器遮蔽向整個人體遮蔽演化的助推因素，也即性遮蔽製造了服裝及其禦寒等需求，禦寒等需求促進了對整個人體進行遮蔽，而其中的根本動因還是在性選擇本身──被遮蔽的身體是優勢的。

　　女性經血禁忌和女性成年禁忌可以總合稱為女性禁忌。性器遮蔽是保證禁忌的方法，但不是唯一的方法，也不是第一位的方法。禁忌最重要和主要的保證在於崇拜，這種崇拜是已經成熟了的巫術。成熟了的巫術是由專門的或半專業或專業的巫主持和執行的，其內在的精神是把靈魂上升為「神」，這種「神」──神、魔、鬼，在中國則還有半人半神的仙──具有有益和有害兩方面的神格和能力，因此，一切的巫術崇拜都由歡欣和恐懼兩種強烈的對立情緒構成。女性禁忌主要由恐懼崇拜保證。與女性禁忌相應的還有兩種恐懼：疾病恐懼和難產恐懼。這兩種恐懼都同樣與人口增長有密切關係。特別是難產恐懼，它又對應於女性生殖崇拜。難產不僅可能導致嬰兒夭折，更會導致女性死亡，這是人類直立的一項重要副產品。在現代醫學成熟前，難產始終是成年女性死亡的主要原因之一。造成難產的具體原因很多，但在體格形態上，發育成熟的女性比較不容易發生難產，這又為女性成年禁忌提供了強烈的證明。因此，女性最美的形象是擁有寬大的臀胯，以及豐碩的乳房和腹部（圖

圖二十四　《維林多夫母神》
（The Venus of Willendorf）

二十四）。但是，這並不具有絕對的意義，如此形象的女性仍然是會難產的。這樣，女性生殖崇拜就集中到了陰道上，也即能夠充分張開的陰道——陰道口——成為了女性生殖崇拜的最終歸宿。陰道崇拜導致女性割禮出現——將女性外陰割去，使陰道口充分暴露。後來形成的陰莖崇拜繼續遵循了陰道崇拜的方法，形成了男性割禮，也即將陰莖包皮割去，使噴射精液的龜頭充分暴露。無論是陰道崇拜還是陰莖崇拜，都是進行暴露，[6]這就與性器遮蔽發生了衝突，從而構成了人體整體的性遮蔽——全身形式服裝——形成的阻力因素。這個矛盾仍然必須在崇拜中解決，也即性遮蔽演變為常態，暴露則逐步演變成為崇拜儀式中的特殊行為。

　　女性生殖崇拜的演變與人類畜牧的發明有著直接的關係，這也是人類性行為和性關係最關鍵的一次歷史變革。人類從偶然的豢養動物到畜養馴化動物，其技術上的關鍵是發現了物種的兩性生殖關係，也即生殖不再是雌性動物與生俱來的功能，而是必須要通過兩性交配才能夠懷孕，從而由雌性進行生殖。這樣，人類

---

[6] 陰道崇拜和陰莖崇拜未必一定導致出現割禮，割禮的出現還必須有其自身的技術基礎。

也就發現了性交與生殖的關係。性交作為生殖的必要條件和程式，證明了男性在生殖中的必要作用，於是，女性生殖崇拜開始衰落，性交崇拜開始興盛，作為被崇拜物或對象形式，女性生殖器和兩性生殖器一體化形式共存。經血禁忌和女性成年禁忌依然保存，但男性成年禁忌也出現了，因為，成年男性比之剛具備勃起能力的幼年男性更具有性交能力，剛具備勃起能力的男性應被保護到成熟，以利於懷孕的效率和他們身體的健康。難產恐懼繼續保存著，但不懷孕恐懼則出現，並越來越強烈。不懷孕恐懼所具有的意義是非常深遠的，它不是被歸結為女性不具有懷孕能力，而被歸結到了性交行為上，涉及到女性得到性交的質量和男性性交能力，女性開始按照性交質量和性交能力選擇男性，導致男性發生兩極化的趨向，一方面是男性性自卑出現，一方面是優勢男性的性驕傲的出現。男性性自卑與女性性選擇偏向於單一化的傾向正好趨向一致，導致男性的性狹隘化和獨佔化──男性同性間性競爭基礎上的性嫉妒強烈化。優勢男性的性驕傲走向交配化，既刺激了與不同女性進行性交──交配──的欲望，也能夠得到眾多女性希望從其獲得性交──交配──的機會。

由於人類並不更清楚女性懷孕的生理規則，當女性不能通過性交順利懷孕，女性就第一次遭到性別貶低，成為不能懷孕的責任者和罪孽方，對碩大、剛硬的陰莖乃至包括陰囊的整個陽具的崇拜也就自然出現了，這種崇拜一直延續到了現代，求子婦女仍然是勃起著的陰莖或陽具偶像前的崇拜主體。在碩大、剛硬的陰莖或陽具前，女性成為了普遍的祈求者，從而開端了女性普遍的

性自卑。這種普遍的性自卑與陰毛羞恥、經血禁忌結合，更強化了女性的性遮蔽。男性性自卑同樣需要強化性遮蔽，以緩和男性之間的性選擇衝突，性選擇優勢集中向了男性人格和行為的競爭。所有這些，都蘊涵著性佔有傾向的發生和強化，儘管優勢男性存在著多多佔有的欲望，女性有著獲取更優勢男性的欲望，但全部佔有傾向的總和則導致佔有趨向於穩定，即趨向於兩性間的互相獨佔，並自然提升為兩性身體的互相獨佔，從而構成了進行全身遮蔽的精神動力——整個身體遮蔽形式的服裝初步形成了。這個時代是母系氏族社會向父系氏族社會演變的階段，被遮蔽的身體部分也就是視覺乃至觸覺佔有的性禁忌範圍。

性包裹

　　人類歷史越早，其演進就越自然。人類歷史的自然性基礎是人與自然界關係的自然性和人際關係的自然性。人與自然界關係的自然性核心是以食物為基本的物質獲取，來源於直接的自然界，或第一自然界。[1]人際關係的自然性核心是圍繞著性展開的倫理關係。也就是說，在國家和文明產生前的全部人類歷史都是非計畫、非設計的歷史，由物種的自由主義和本能主義進行能動和選擇，就如恣肆的汪洋一般自然洶湧和流動。

　　在這樣的自然歷史長河中，從來沒有出現過女權社會形態，「女權」不過是男權的對應物和類推，也即是男權出現之後才會衍生出的。世無男權，便無女權。「權」——權利或權力，就法定的（自然法的）形態來說是很晚發生的。如果把「權」理解為群體內的優勢差異，則在一般物種中已經得到比較充分的發生，比如雄獅在獅群中的突出地位，但從這一層面來規定「女權」的社會形態，毫無意義。即使如此，也並不存在普遍意義的「女權」的

---

[1]　我把本然的自然界稱為第一自然界，也即原野；把經過改造、利用的自然界稱為第二自然界，也即田野，或園野；把從第二自然界獲取的物質製造的物質界稱為第三自然界，也即都市；把用第三自然界或都市生成的衍生物和廢料製造的物質界稱為第四自然界，或可以稱為廢都。當代人類是生存於田野背景中的第三自然界物種，並急劇地構建著廢都。當代所謂的野生物種基本是第一自然界在第二自然界的孑遺，也即生存在田野中的原野殘存物種。

社會形態。在人群社會，人群與許多群居或集群物種一樣，自然地會發生頭人現象，並成為人群的結構特點和要素。頭人是人群的領頭者，是必然要產生的，其「權」主要是性優先、性獨佔和食品優先，但更主要的是領袖人群的責任，比如主導搏鬥、遷徙和懲罰內部秩序破壞者。頭人除了應該具有更豐富的經驗——知識——外，更必須要有強健的體魄和優越的性交能力及優勢，因此，就如其它物種一樣，頭人由某個成年男性擔任。在家族制度形成以前，女性擔任頭人——或「女王」——的現象出現，只可能是在人群以經驗、知識為領袖優勢之後，或者說是在巫術發達之後，這時候，個別的司職巫術的權威成年女性或老年女性才可能有機會被選擇為頭人，也即只可能是一種偶然現象。

　　在人群社會中，頭人與人群的關係是人際關係的一個方面，某個頭人並不擁有終身身份，他擔任頭人是自然選擇的自然結果，隨時會被挑戰和調整，人群一定是需要頭人並一定會選擇出頭人的，但人人——成年男性——都有邏輯上的擔當機會。人群基本的關係是血親關係，也即人群與子代的關係。在現代靈長類動物群體中可以發現這種關係的原形態，我把這稱為群系關係或群系形態，也因此可以把人群社會稱為群系社會。群系的概念是指子代的血系與群發生，而不與任何其他個體固定為傳承秩序，親生母親與子代的關係僅僅是依賴於生殖行為的暫時歸屬關係，在親生子代的撫養中承擔自然的主要責任，但所有成年女性都具有哺乳該子代的共同責任，並由所有成年男女承擔該子代的共同撫養責任。子代的意義僅僅局限在未成年，當其成年後就不再屬

於子代，男性可以與任何女性——包括親生母親——發生性交，女性可以與任何成年男性發生性交。這樣一種血親關係不是個體的系統，而是群系的。

人類血親關係的全部調整都是對血親關係的限制史，對血親關係的限制就是對性交關係的限制。但是很遺憾，我發現對性交關係的限制恰恰不是從近親限制開始的，而是從近親性交的強化開始的。這一情況的歷史基礎是群系社會中的母系等級。在群系社會中，基於生育的直接關係，女性之間的代際關係是穩定、清晰的，也即母親與女兒之間的代際關係是確鑿的，她們與同一個男性可以發生性關係，但她們之間天然地不能發生性關係。當頭人與某個或某幾個女性建立獨佔的性交關係時，這個或這幾個女性在人群的女性中就獲得了特殊地位，從而，她們的女兒也相應獲得了這一地位，也即由頭人獨佔性交的地位。這構成了人類古老的貴族制度的歷史胚胎。這樣，女性就發生了一個層級區分，也即分為了兩個等級：一個等級是由頭人獨佔性交的女性，一個等級是由頭人優先性交但其他男性也可以性交的女性。前一個可以稱為女妃等級，後一個可以稱為女民等級。這兩個等級因其母女關係的明確性，是自然繼承的，也即女妃母親所生的女兒成人後仍為女妃，女民母親所生的女兒成人後仍為女民；當頭人發生變化，新的頭人對女妃等級的女性繼續獨佔。這是群系社會中實現人群穩定的基礎，是人群得以牢固凝聚的根本。

女性血系的穩定、清晰使得人群有了一個穩固的主幹，人群凝聚的傾向大大超過了分解傾向，而女妃等級的存在又刺激了性

選擇的競爭性，從而使人群獲得了內在的活力，其最重要的成就是導致了壯年男性優勢，也就是說，不僅每個壯年男性都擁有擔任頭人的機會優勢，更在與成年了的「青年」男性的性選擇競爭中擁有優勢，從而，男性與女性不僅按照血系形成層級不同，更是按照「年齡」分成了「父輩」的和「子輩」的輩分層級。二、三十歲的男性在性選擇中較之剛發育的男性更具有優勢，擁有優勢的壯年男性——父輩——把劣勢的「子輩」男性排斥出了人群一定部分的性交範圍，也就是說，一部分女性不被屬於和不被允許「子輩」男性的性交對象。在人類發現兩性生殖「秘密」之前，所有的血親關係調整都只會局限在性交關係的調整上，借用現代經濟學語言來說，就是性交機會的分配和再分配。那麼，是哪部分女性被排斥出了「子輩」男性的性交範圍呢？就如男性性優勢一樣，在女性中，在同一個層級中，更具有優勢的不是青年女性，而是壯年女性。與現代以少女為更美相反，在漫長的人類歷史中，少女生殖能力的不確定性決定了她們並不更美，已經進行過生育甚至不止一次地證明具有生殖能力的女性是更美的，而她們更強的性交能力則更使她們充滿了誘惑的光彩。經血恐懼衍生出了處女經血恐懼或處女恐懼，也即開始有了經血的處女是被恐懼的，而處女血則是這種恐懼的終結，這是女性性成熟禮發生的精神源頭。因此，壯年的男性歸壯年的女性，青年的男性歸青年的女性，人類第一次有了性覺醒。這樣，人群的性關係就第一次被調整了。

兄弟、姐妹之間歸屬為了必要的性交關係，人群出現了模糊的以年齡為特徵的代際關係，而性交關係則發生了有序的近親

化。這種近親關係成為了所有人類始祖傳說的源頭，即亞當、夏娃式的兄妹婚姻，並頑固地延續為人類婚姻傳統的一極——在優生學發明並被人類普遍接受以前，文明了的人類一方面追求遠親婚姻，一方面則仍然對表兄妹之類近親婚姻有著固執的偏好。這種「兄妹」性交關係秩序中存在著一個特例：母子性交。這一情況的原因僅僅是因為在性選擇中，母子之間更具有相悅優勢。母子之間的相悅完全是一種生育、撫養優勢，它並不限於母子之間，而且也存在於母女之間，但兩者導致的深遠的心理學意義則不同，本書不是專門的心理學著作，不便於展開。母子性交是非常頑固的，它既是文明時代最試圖排斥的亂倫關係，也是最難以被排斥清淨的一個亂倫關係；既是最深重的罪孽，也是最難以杜絕的興奮的意淫傾向——這就是特殊的母子之愛。

　　這一性交關係的調整是極其關鍵的，深刻地構成了人類初始記憶。從這個角度說，相應的社會形態可以稱為亞當—夏娃社會，或按照中國的人類始祖傳說稱為伏羲—女媧社會。人類仍然屬於人群的或群系的社會，但已經是尾聲，繫於人群已經發生模糊的代際關係和分野，也可以稱為代系社會。這是人類血親倫理脫離動物界的曙光，是人群社會向氏族社會轉變的過渡形態。在這一過渡中，最重要的成就是家庭形成了雛形，也就是說，家庭並不是從來就有的，而是人類歷史發展到一定時候的自然產物。在這一家庭中，母親是家長，母女關係是主幹，男性一當成年，就是這個家庭中的暫居者，在暫居中可以與母親、姐妹進行性交，但他更必須行走出家庭，既與其他家庭的女性進行性交，也逐步讓位出自己

的母親、姐妹接受其他男性前來性交。因而，所謂家庭，就是以母親為家長、母女為基本的性交單元。[2]這一性交單元的穩定必須要在人群中實現居處的獨立，這樣，建築就被發明了。無論是窩棚居住，還是地穴式、半地穴式居住，人群──或氏族──不可能營造出一個容納所有人的巨大建築，通常只能圍繞某個中心點構造一系列單體及其組合建築，每個單體或單體組／群為一個家庭。建築的發明反過來使得家庭形態更趨鞏固。家庭與氏族的成熟是同步的、互為的，氏族是家庭的社會背景，家庭則構成了氏族的穩固基礎，人群因內在結構化而更趨凝聚，分解傾向更被弱化，其精神核心是血系近親。由於家庭的核心是母親，因此可以稱為母親家庭或母系家庭，相應地，氏族也可以稱為母系氏族。

　　由於母系家庭的固定居住，男人們不得不遊走在各個家庭之間，就如流浪者一樣祈求被接納，一方面希望這種接納能夠「長期」化，一方面也不得不接受接納自己的女性希望多與之性交的自然要求，這樣，彼此的性交關係趨於逐漸穩定和固定，於是，婚姻形成了。母親在得到的同時也必須付出，已經成年的兒子同樣必須去遊走，並由於自己男人的固定化也必須要兒子尋找到固定的女人，以解決兩者間的排斥現實，因此，母子性交首先被放棄。同樣的原因，兄弟、姐妹之間的性交關係也必須逐步放棄，

---

[2]　這種婚姻在現代世界上唯一的孑遺大概是中國雲南摩梭人的「走婚制」。但是，摩梭人的「走婚制」到底是這種婚姻自然延續的孑遺，還是摩梭人先祖迫於生存需要的創造性復古，則並不清晰。無論何種情況，摩梭人「走婚制」的現實存在，都已經實證了人類歷史走向中的一個選擇邏輯，也即人類會在一定情況下選擇這樣一種婚姻方式。

以消解兄弟留滯在家庭內的願望。這樣，以母親為繫帶的血親關係就更清晰了。母系家庭或母系氏族社會並不等於母權的氏族制度，就氏族而言，頭人仍然牢固地擁有著對女妃家庭的性交、居住獨佔，而由於氏族間的相鄰而處，頭人獲得了氏族代表權，這是人類最早的自然法意義的權利或權力——氏族領袖自然法權。這一自然法權在氏族內部與支配權無關，而只是一種代表權、召集權和仲裁權。由於這一自然法權，頭人演化為了酋長。氏族內掌握支配權的不是酋長，而是巫。或者說巫也並不掌握支配權，他（她）只是神權或魔權、鬼權的現世代言人，這一現世的精神權利和權力還要高於酋長的自然法權，因為酋長與所有人一樣，也必須服從精神的支配。但這當中已經萌芽了人類制度民主與專制的分流：當酋長也是巫的時候，則酋長失去了外在精神約束，實際上擁有了氏族支配權，其行為僅僅受自身的內在精神約束和道德約束，氏族制度趨向於了絕對的專制。這種酋長與巫合為一體的情況，可以從中國古代典籍中找出一系列痕跡，因此，可以稱為東方式的或中國式的氏族制度，其本質是酋長權和巫權的集合為一體，相應地，酋長權和巫權的分開則可以稱為分權式的氏族制度。

由於女性較之男性無可替代的子代生育優勢，以及由此自然延伸的哺乳和撫育優勢，母系血親擁有了強大的維持能力。人類對兩性生殖關係的發現雖然對母系血親具有摧毀性，但僅僅這個因素並不足以現實地實現摧毀，這正是母系氏族能夠在人類進入文明階段後仍然在文明邊緣地帶長期殘存的根由，而當代單親家

庭的滋生實際上也重新萌生著了個別的母系家庭。[3]從女性性器崇拜到性交崇拜到陽具崇拜，母系氏族雖然在精神層面逐步衰微，但氏族仍然是母系的。人們的血親關係在逐步調整，圍繞著母親的近親性交關係緩慢地疏離，但由於男性的遊走性，後來被看作近親亂倫的性交關係依然普遍存在，一切都等待著一種強力而專橫的衝擊到來——普遍的戰爭。

氏族的相鄰是戰爭發生的基礎，但這不等於戰爭的普遍化，也即不等於戰爭的頻繁和經常。偶然的戰爭強化了酋長的權利，也造就出了長老和英雄，他們逐步構成為了一個氏族的「貴族」階層，從而，酋長、長老、英雄及巫互相間的性選擇競爭不再遵守傳統的女妃、女民界限，所有與他們進行性交的女性都可能被獨佔為女妃，母系氏族賴以穩固的根本被嚴重動搖。有了這個基礎，戰爭的誘惑便猛然地鮮明和強烈了起來，酋長、長老、英雄和巫發現，通過戰爭冒險，有可能忽然擴大氏族的領地、財富和人口，也即將被擊敗的鄰近氏族的領地佔為本氏族所有，將他們的財富掠奪過來，將婦女、孩子變為本氏族人口，使本氏族人口加速增長。即使對於被擊敗的氏族來說，復仇除了是一種本能的情緒釋放，也是忽然恢復和擴大領地、財富、人口的途徑。戰爭

---

[3] 在當代單身女性家庭中，無論女權運動是否為女性獲取了子女的姓氏權，當愛情不受年齡約束時，作為母親的女兒成人後，既可能存在與她父親、叔伯進行性交的可能，也存在與同父異母兄弟及堂表兄弟進行性交的可能；作為母親的兒子成人後，則存在與他同父異母及堂表姐妹進行性交的可能。至於由精子和卵子買賣形成的血親關係，所可能導致的亂倫關係就更加複雜了。

對於氏族來說，不僅能夠符合酋長、長老、英雄和巫的意志，而且也符合其他人的意志，因為，通過戰爭每個人都有成為「貴族」的機會，並且，當一個氏族能夠擊敗周圍所有的氏族時，這個氏族的所有人就都能夠成為「貴族」，該氏族相對於其他氏族來說就是高貴的氏族。商業的起源也基於同樣的原因，一些氏族發現通過商業也同樣可以達到獲取戰爭勝利所可以達到的目的。這是人類文化的又一次分流，但任何氏族都不是選擇單一的道路，戰爭和商業是所有氏族所選擇的，不同氏族有不同的偏重。一般來說，遊牧的或流動的氏族更偏重於商業，農業的氏族更偏重於戰爭，狩獵的氏族則最偏好於戰爭，只是後來發生了變化，沿海的港口人群偏好於商業，內陸河谷交通線的人群是戰爭與商業並重，而一部分遊牧人群繼續保持商業傳統，一部分遊牧人群和狩獵人群則偏好於戰爭。

氏族戰爭忽然像洶湧的洪水到來，酋長、長老和英雄因此獲得了制度性權利和權力，古老的巫分解出了制度化的祭司階層，保守的巫則沉淪，甚至被視作為了邪惡的異端。母系氏族終於演變為父系氏族，也即血系不再按照女性的血系排列，而是按照男性的血系為主幹、輔之以女性血系進行排列。這一演變的直接動力是人口增長的強烈需要。母系氏族已經無法使氏族人口在生殖中獲得大量增長，無論是在戰爭中還是在生產中，女性都發生了兩性比較的劣勢，她們在這種劣勢中反而取得了生育的專門化，也即進行生育、哺乳、撫育子代及家庭勞動歸屬為了女性的專門責任，從而提高了生殖能力和效率，但這樣，就必須將血系轉換

為父系為主。在這一轉換中，女性成為了土地，男性成為了播種者，人口繁殖的能力和效率得到了空前提高。就家庭來說，繫於頻繁的戰爭和被強化的生產，男性在家庭中的留存趨於了絕對化，這樣，男性就不能再繼續遊走，而必須成為家庭中永久性的成員，父子間的關係在家庭中特別地固定和明晰了起來。但這樣就與氏族的性交機會——婚姻——分配衝突，因此，遊走的責任就必須由年輕的女性——女兒——承擔，也即由女性出嫁解決氏族的性交機會分配困境。

「貴族」階層——酋長、長老、祭司、英雄——因其性選擇優勢而驕傲，空前炫耀起了自己的性能力，但隨之而來的是他們的性自卑和性嫉妒空前滋長——一般而言，並沒有多少男人能夠有能力足夠滿足某個女人的性貪婪，從而襯托出男性性能力的虛弱。當一個女人貪婪於性，基於女性在進化過程中養成的「獲取」本能和能力，並沒有多少男性能夠持久滿足其自由釋放性慾的能力，這種能力差異對於男、女性對子是反動的災難性陰影。女性誠然需要相悅，但男性為維護血系的純粹更需要獨佔的強化，從而抑制女性的貪欲，而女性的相悅需求則成為男性對女性進行抑制的合作要素，也即女性為獲得相悅和維護既定男系血系而進行自我性慾抑制，將與其他男性性交視為非道德行為。由於男性的多異性性交本能，因此，女性日益成為較之男性進行單一對象性交的更堅定的捍衛者，越來越本能化地強烈抑制自身的性慾釋放。在當代來說，就是當女性自由釋放自身性慾時，男女兩性的互相獨佔就意味著發生了根本的災難。

　　在一些氏族聚居的地域，比如人口集中的河谷沖積平原地帶，當普遍的戰爭發端，對於該地域的氏族來說就意味著無限的機會，由此必然要增強進行戰爭的能力，於是父系氏族就演變為了由血親相近的氏族聯結的父系部落，或者說氏族社會由此演變為了部落社會，氏族戰爭則演變為了部落戰爭。但部落社會幾乎難以界定為一種穩定的社會歷史形態，它的社會本質仍然是父系氏族，即使形成了部落聯盟，也不過更只是過渡性質的，或者說部落社會只是一種短暫的過渡社會形態。就中國文獻記載的傳說來說，這個時代就是炎黃時代，在歐洲以往被稱為英雄時代──但我以為這個說法並不恰當，英雄時代其實更相當於中國傳說中的堯舜方國時代，也即城邦國家已經形成的時代。也就是說，在從今天來說的人類歷史沿革主線來說，部落社會的形成加劇了戰爭和擴大了戰爭規模，並由這種大規模戰爭的威脅和需求促使了人口的城邦化聚居，將社會形態很快推進到了城邦的國家時代，而文明社會則由此而獲得了基礎或開始萌生、起步。在部落社會或部落聯盟社會，父系家庭、父系氏族的擴大導致父親自然法權的形成，或者說非國家法的父權形成了。一當形成父權，母系的血親關係也就相應地演變為了母權。在這種父權之下，父親並不能夠支配其妻子──母親，但可以支配其兒子和女兒。但城邦國家的形成則使母系社會的殘餘在其範圍最終被徹底掃蕩，也即自然法權的父權演變為了國家法的父權，並很快演變出了普遍的男權。

　　男權由父權擴展而來，但兩者有很大的不同。父權涵指父親的權利和權力，男權涵指男性的權利和權力。父權是父親對於兒

子、女兒的擁有權和支配權，並不具有對母親、妻子的擁有權和支配權，因此，父權並不排斥母權乃至妻權，也即父親的母親對「父親」可以擁有支配權，妻子對丈夫具有相互的擁有權。但問題在於，女兒要出嫁，兒子也會成為父親，也即父親對女兒的支配權必須消解，而兒子則將遞升其血系地位並獲得相應的權利和權力。這當中蘊涵著父權制度的自我矛盾，其出路只能擴大而為男人的權利和權力——男權，以緩解父子之間的衝突和父親之間的衝突。所謂父親之間的衝突，也即父親－女兒、父親－女婿這兩對癥結的對立，解決這一對立的出路是父親放棄對女兒的支配權，將這一權利和權力轉讓給女兒婚姻的男性對象，即由女婿和其父親獲得相應的支配權。這樣，妻權就被排斥，母權得以繼續保留，父權仍然是主要的，男權則形成，也即女性只有當作為母親時候才擁有對子女的支配權，即使如此，這種支配權也是被限制了的，因為，她同時也受著丈夫的支配，所可以支配的子女則更受丈夫——子女的父親——支配。一但這樣的男權形成，由於血親的男系化，家庭的代表——家長——就將由父、子繼承，這種繼承當是極端化，甚至母親也將作為家庭特殊女性分子——作為父親的妻子而不是作為母親——由兒子繼承。當這種父子繼承不能實現，則由兄弟取代。具體如何，由不同社會對血系層級的親系界定認定，當親系界定狹隘時，女兒才可能在該狹隘的血系層級中無男性繼承者時獲得繼承權。在這種父權與男權結合的制度下，女性除了擁有非常有限的母權外，作為女性的權利和權力並不存在。但既然已經有著父權，那麼，在邏輯上也就自然相應

出現女權的概念，這一概念並不是普遍實際的描述，而是精神的必然對應，從而成為必然的精神追求和理想。在父權和男權的氛圍中，作為妻子的權利和權力的活動和擴張，不是根源於直接的制度，而是根源於這個制度所對應出的女權理想及其相應的道德倫理追求，也即將不得不由追求女權理想的行為實現，由個性強大的女性自己將丈夫製造為「妻管嚴」。也就是說，當女權越是被限制為理想時候，女性就越是具有控制自己男人及他們的女人——比如丈夫的小妾、兒子的媳婦——的衝動，以實現自己個體的女權或母權理想。

我在這裡所討論的似乎與服裝離得越來越遠，其實不然。當服裝——裙、丁字褲——發明，其演進正是在以上兩性關係的演變中同步進行的。服裝從陰毛遮蔽到性器遮蔽到全身化遮蔽，其對身體的每一步遮蔽面積擴大，都應因於兩性之間的倫理關係。服裝——裙、丁字褲——萌生於群系社會，首先實現的是成年男女的性遮蔽。母系家庭的形成強化了成年女性的性遮蔽，也即較之成年男性來說，成年女性的性遮蔽更被強化，成年男性可以偶然進行性暴露，成年女性則不能夠。在生殖崇拜、性交崇拜和陽具崇拜中，無論男性還是女性，都可以進行儀式化的性暴露，也即在崇拜儀式中進行性暴露，但這種暴露越來越局限為崇拜儀式中的巫術行為，比如由某個男性或由許多男性與女巫性交，其他人則圍繞著他們歌舞。父系制度的形成使這種儀式化的性暴露也被逐步排斥，人們日益採用了偶像化的方式以取代自身進行性暴露，這正是人物或人體的美術在起步階段就採取了裸體形式的原

因，也即人們自身是遮蔽著的，但雕塑和繪畫——偶像和性器、性交象徵形式——則是裸體的。象徵表現是從另一面的表現，孔象徵陰道，柱象徵陰莖，插入孔的柱象徵性交，更有無數的動植物形式和地理、天文現象和形式擔負對陰道、陰莖、性交、生殖進行著象徵，把性暴露推向為了內涵化，使性成為審美形式的潛意識形態。父權和男權制度的建立則使性遮蔽達到了最高階段，也即服裝對人體的遮蔽面積被最大化，使人體成為被服裝包裹起來了的性體，這就是性包裹。在極端的父權和男權制度下，性包裹達到了極端，凡是能夠被包裹起來進行遮蔽的人體部分都必須被包裹，這種情況在當代伊斯蘭社會仍然殘存甚至流行著（圖二十五）。

圖二十五　現代伊斯蘭女性

服裝由人體裝飾而萌生，由性遮蔽而固定，並由性遮蔽而面積擴大化為性包裹，期間，服裝的禦寒等實用功能是次要的。這在今天依然可以得到充分證明，比如在炎熱地帶或炎熱季節，就「禦寒」而言，人們並不需要穿著服裝，但人們必須為遮蔽自己的性而穿著服裝。性包裹與人們不需要穿著服裝相反，是以過度的服裝證明了其實用功能次於性遮

蔽。服裝的實用功能只能在進行性遮蔽前提下才有足夠意義，也即當服裝實現了性遮蔽時，服裝才是為了禦寒等實用目的的。就禦寒而言，性器較之上身更具有抵禦寒冷的能力，但人們首先要遮蔽性器，然後才會設法解決上身的禦寒，當一個人只有一塊面積較小的布遮蔽身體時，他（她）首先會將這塊布用來遮蔽自己的性器，裸露身體的其他部分和忍受寒冷。

人體即性器——類性器

服裝對人體的遮蔽也就是性遮蔽，性包裹則是性遮蔽的人體面積最大化。當遮蔽擴展出了性器，則意味著性器被放大，也即被遮蔽的人體獲得了性器化。正是在這個過程中，服裝的實用功能起了極大的作用，也就是當服裝發明，並且人類認識和利用了服裝的實用功能時，被遮蔽的人體部分獲得了與性器一樣的屬性，成為了類性器。在性包裹中，類性器幾乎是整個的人體，極端的性包裹則把整個人體類性器化，即使裸露的眼睛和手也因此充滿了性意象。從這個意義上說，人體即性器。

服裝的實用功能推動的人體類性器化，決定了人體的類性器化程度差異，從而導致人類文化出現分流和差異。在寒冷地帶，性包裹趨向於了全身遮蔽，而炎熱地帶則趨向於部分人體的遮蔽，甚至保守在陰毛和性器遮蔽的界限。這也可以看作是人類服裝體系的分流，分成了全身的服裝體系、半身的服裝體系和胯部的服裝體系。表面看，這似乎只是一種視覺形式差異，但其中卻蘊涵著越來越豐富的文化內容。全身的服裝體系意味著父權和男權的發達，兩性關係更趨向保守，更需要發展服裝及其相關的技術，更需要獲取財富，當生產能力能夠滿足相應的要求時，人口的繁殖能力也就更強，因此，人類最早的文明是在性包裹化或服裝的全身化過程中，更能夠獲取自然物質資源並獲得相應利用技

術的地區發生，也即在不太炎熱也不太嚴寒的「溫暖」地區發生，因為，這個地區既需要服裝全身化的實用功能，也可以有豐富的資源可以利用。過於寒冷的地區與過於炎熱的地區恰恰都缺乏優勢，過於炎熱的地區食物豐富，人們甚至只要保守胯部服裝即可，過於寒冷的地方則相反，雖然需要有全身包裹的服裝，但物質貧乏，在技術還不足以開拓和利用充分的自然物質時，其文明的進步只能停滯不前。[1]正因為這樣一種歷史的原因，服裝就成為了文明的一種標誌：服裝的全身化是文明的。如果服裝能夠有遺存的話，考古學足以將服裝對人體的遮蔽面積關係作為古代文明程度的重要因素考察。但是，這當中必須充分地考慮建築因素，或者是把建築作為主要因素考察，輔以服裝的考察——建築是對人體的間接包裹，服裝是對人體的直接包裹，建築以固定的形態降低了在其中活動的人們需要服裝禦寒等實用功能的程度。

服裝與文明的這種關係對性包裹起了強化的作用，從而導致了文明的中世紀化。另一方面，在文明的傳播過程中，即使那些並不需要服裝禦寒功能的炎熱地區人群，作為對文明的接受，也接受了把自己包裹起來。當服裝的禦寒實用功能不需要時，也即

---

[1] 孟德斯鳩（Charles de Secondat, Baron de Montesquieu）認為，貿易的狀況「是大自然本身規定的後果」，在歐洲，「南方與北方國家之間存在著一種均勢」，南方國家自然物質豐富，從而採用奴役制度，北方國家自然物質貧瘠，因此需要自由。（見《論法的精神》第二十一章「從世界貿易的變革論法律與貿易的關係」，張雁深譯，商務印書館 1963 年）孟德斯鳩這種思想通常被稱為地理環境決定論，並被作簡單否定，這是並不十分妥當的。地理與文明的關係十分複雜，地理是具體的，在不同的時空對於文明有著不同的意義，必須要作個案的具體分析。

人們更需要解決避暑問題時，已經把自己包裹起來的人們努力堅
守對自己的包裹，從而，服裝就發展出了使人體涼快的功能，就
質料來說，這是在棉製品和絲織品發明以後得到充分實現的。使
人體涼快的紡織品將人類進行性包裹的習慣更鞏固了起來，從
此，無論是寒冷還是炎熱，人類都可以把自己包裹著，把性包裹
演進到了最徹底的程度。在一定的條件下，服裝並不能夠解決炎
熱問題，人們試圖達到避暑目的只能脫去身上的服裝，不得不接
受身體的裸露。但這是被嚴格限制的行為，是在性包裹前提下的
身體裸露，因此，這種裸露必須是被排斥性意識的，也即必須是
把性嚴格壓抑住的，不然，就是罪惡的、淫蕩的。就如我在本書
前面舉過的中國民國時江南農民用水車進行灌溉那樣，這時候男
人的裸體是被允許的，但他們的裸體是勞動著的裸體，而不能表
現出性慾，無論是他們還是路過的婦女，都必須把自己的性意識
壓抑住。當性意識是被壓抑住的時候，出於避暑等需要，即使在
最保守的時代和社會，在一定的環境下，男女都是可以裸露身體
的，比如，僅僅在二十世紀八十年代的夏天，在中國不少地區還
依然可以看見老年甚至中年婦女裸露著上身在路邊納涼的現象。
這種性壓抑下的裸露，在中國最典型的情況是哺乳婦女，即使最
保守的女性也可能當著一些男性的面，忽然把乳房暴露出來給孩
子哺乳，她本人沒有任何的性意識，看見的男性也絕不允許表現
出對她乳房的性傾向，不然，就是對這個女性的極大侮辱。

　　性包裹對人類的進化方向發生了改變作用，或者說，性包裹
成為了人類進化的要素之一。在形成了性包裹之後，服裝成為了

人體的完整物質外殼、物質裏體,人體不再只指人體本身,而且也是被包裹著的人體。人類發生了軟體化,也即似乎成為了由貝殼包裹著的軟體動物,進化不再是純粹的人體,而是被包裹著的人體了。由於人體的被包裹,性選擇途徑就發生了變化,視覺形式不再是人體本身,而是主要成了被包裹著的人體的包裹層。由於人體的被包裹,人體形式不再是直接的性選擇視覺對象,人類的裸體化演進被終結,一部分人仍然比較發達的體毛被保存下來。在包裹中,皮膚的發育和生長與陽光、風、雨等隔斷,變得更細膩、嬌嫩,也更敏感,幾乎每個部位都可以引起性興奮。在視覺之下,被遮蔽的人體與被遮蔽的性器都是肉體,彼此的視覺差別被消解,被遮蔽的人體每個部分都是性的,被阻斷的視覺只能通過對服裝形體的把握進行想像,人體本身成為了視覺幻覺,或者通過對服裝的觸摸形成觸覺幻覺,這是所有關於服裝及其飾品的物戀的根源。因此,雖然兩性仍然追求性交,根本的目標仍然是性器的插入和被插入,但性交儀式發生了從未有過的複雜化,或者說,人類兩性的相悅從此成為了最複雜的行為儀式。

就達到性交而言,人類完整的性交過程在性包裹下,演變為了三個階段:第一個階段是從兩性身體的接觸到裸體,可以稱為脫衣服階段;第二個階段是從脫了衣服到插入的階段,可以稱為前戲階段或裸體階段;第三個階段是插入後階段,也即性交本身及後撫慰的階段,可以稱為性交階段。

第一個階段是任何物種所不具有的階段,為人類達成和完成性交設置了極大的困境,大大降低了兩性性交的機率,其中

的背景是裸體禁忌。在裸體階段，由於被裸露身體的類性器化，同樣與一般物種發生了巨大區別，兩性幾乎所有身體部分的互相廝磨都可以導致高度性興奮，反過來，這也成為了基本的性需求和滿足，因此，前戲成為人類兩性性交的重要內容和基本程式。

在性包裹的類性器傾向下，人類的性體發生了相應的變化。口腔與肛門的性屬性可以上溯到遙遠的腔腸動物甚至更早的階段，作為一種生物屬性退化而深植在人體本能和人的潛意識中，只有當其作為人體可供插入的自然孔道並被利用為插入途徑時，才呈現出深刻的性屬性，因此，它們並不是以生殖為自然目的的人的性器，而只是性慾釋放器。以性器為遮蔽中心和根本，人體性器和類性器可以分三個層次：一，性器本身，即陽具和陰戶；二，被遮蔽的人體其他部分；三，裸露的人體部分。被遮蔽的性器外人體部分存在著兩個特殊部位：臀胯部和女性乳房。性器遮蔽最古老和常規的方式是套圍，在這種方式中，就像陰毛被歸入為性器一部分或性器化一樣，臀胯部在觀念中也得到了性器化，陰毛、小腹下部、臀、大腿根部雖然不是性器本身，但其裸露接近於了性器的裸露。乳房不被作為人類的特徵，而只被作為了女性的特徵，因而在性包裹中獲得了女性性器化，成為了女性特有的第二性器。因此，性遮蔽分為了三個層次：性器本身；腿胯部和乳房；其他人體部分。所有被包裹的人體部分都是不可視的，這種不可視也是對觸摸的阻斷，因而，同樣是不可觸摸的。在不可觸摸的層次，人體的裸露部分雖然是可視的，但卻是不可觸摸的類性器。

　　裸體禁忌可以追溯到陰毛遮蔽時期，也即追溯到服裝萌生的年代。裸體禁忌的直接原因是性禁忌，也即以視覺隔斷和觸覺阻斷的方式限制性關係，它的主要實現方式是建築與服裝，在人們同處一個空間時依憑服裝遮蔽裸體，建築則是以人為的空間間隔遮蔽裸體，由於同樣的原因也有了屏風、帷幕等的方式。服裝作為人體的直接遮蔽物，是所有實現裸體禁忌的最基本和最核心方式，因此，即使一個人身處建築當中，進行裸體通常也還有著許多顧慮。如果裸體禁忌僅僅由性禁忌造就，則裸體禁忌就將是脆弱的，也即當人們並不以為彼此存在著性關係時，這種禁忌就會被打破。使裸體禁忌強化的根源不是性禁忌，而是人格禁忌。本書前面已經述及，服裝萌生的原動力並不在性器遮蔽，而在陰毛遮蔽，由對物種進化殘留特徵的羞恥所促動，其內在的原因是以人體遮蔽物將人類自身從動物界區別出來，因此，服裝即人格，是人之所以為人的物質形式規定和表現。人格禁忌強化了性禁忌，規定了性必須是人的或人類的，也即性必須符合人格，反過來說，就是人格禁忌排斥了一切獸的性行為，把人類的性活動和性關係不再全部視為自然的和合理的，而是分為符合人格的和類獸的，分為合理的和不合理的，也即人的性必須是在禁忌中的性，這是人類全部性保守主義的終極理由和根源。人格禁忌從根本上推動了裸體禁忌，強化了服裝的包裹化，並確立了性包裹的合理性，把裸體分為了符合人格的和類獸的，分為合理的和非合理的，推動著服裝的保守主義。[2]

---

[2]　什麼是人？什麼是人格？不同的歷史時代和立場會有不同的理解。但這並不影

　　現代裸體運動或「天體」運動在形式上是對裸體禁忌的反動，但在本質上其實並沒有違背裸體禁忌的原則。裸體運動者的裸體行為並不是日常的，而只是作為一種「運動」的行為，是在一定的時間和場合發生的，他們日常的行為依然遵循著裸體禁忌，其裸體行為更多的只是一種行為「變異」，是一種異端宣示和象徵。即使在裸體時候，裸體運動者依然遵循著性禁忌，而且，更強調性的禁忌，不允許以色情的眼光和語言裸體相處，而穿著服裝的人們則更可以用色情的眼光互相掃視並用語言調情。最重要的是，裸體運動者發生裸體行為的場合都是經過精心設計、選擇和考察的。就地點來說，即使是海灘，即使在城市中的海灘，但作為「海灘」，也是城市「邊際」的海灘，不是蠻荒之地，而是第二自然界的田野，甚至是人工的第三自然界。在他們裸體時候，用品有特別的意義，這些人的「現代性」非常具體地體現在他們所使用的和環境內的每一件物品上，這種「現代性」的內涵是表證著使用和消費它們的人們是人，而且是走在時代前面的先鋒人──人中之人，因而，他們最突出著自己的人格禁忌。儘管裸體運動遭到很多人反對，但裸體運動者的人格認定首先是自我的。

　　人格認定的途徑來自三個方面：個人、他人、社會。個人的人格認定是自我認定，其有效性決定於自身的意志力，也即自信程度。一個人無道德，道德發端於兩個人之間的關係中。人與人的自然關係導致自然道德，這種道德可以稱為仁德，倫理則是仁

響人們模糊地使用人、人格概念。

圖二十六　1950 年代西方「天體營」活動

德的基本。當個性被扼殺時，他人從仁德角度作出的人格評價是基本的評價，並且，這種仁德也是扼殺個性最強大的力量，但個性解放時，仁德評價也就衰微了。社會是人們的集合體，這種集合體既可以是組織的，也更是非組織的，無論組織的還是非組織的社會體，在其意識形態上必然建立或形成有自身的道德觀，這種道德觀不僅對社會體自身內的每個個人進行著人格評價，而且也對社會體外的個人進行著人格評價，當一個社會盛行集體主義意識形態時，則社會評價趨向於對個人行為的強制，當一個社會個人主義意識形態盛行時則趨向於個人自由。因此，裸體運動在現代主要盛行於西方，而在中國這樣的東方國家則難以盛行（圖二十六）。

　　性包裹把服裝對人體的遮蔽發展到了極至，現代裸體運動是對這種極至的反動極至。但其實從服裝進行性遮蔽的一開始起，性就也同時進行著對這種遮蔽的突破，當形成性包裹時，被壓抑的性就更是如火山般地湧動起來，發出隆隆的聲響，找到縫隙就

噴薄而出。性包裹以服裝的形式把性最大化壓抑起來，但這種服裝本身就是一種比人體更複雜了的性形式。

性突出

　　當服裝把人體包裹起來的時候，整個人體獲得了類性器的意義。這當中的機理，是在於被包裹的人體消解了性器與非性器的界限，被阻斷的視覺導致感覺模糊，性器在這種模糊中通過想像獲得擴展，使整個人體獲得了性器特徵和屬性。視覺乃至觸覺雖然被阻斷，但並不意味著性器的不存在，相反，性器的存在已經不只由感性把握，而且也已經由理性把握，也即服裝包裹證明了性器存在於它的底下，因此，對性器的存在由理性夾雜進了感性進行著把握，客體對主體──或者說異性之間──的性存在由單純的感性上升到了感性與理性之間，在感性和理性之間進行情慾振盪，甚至已經完全可以由理性推理和判斷性的存在。在這種理性上升當中，由於感覺不能達到對性的個性形態──性個性──的直接感知，性個性被消解，性的形態得到了模式化。這種模式化有三種類型：同性間的以己推彼，也即同性以自身性器為標準模式，推導他人的性器形態；以所見推斷，也即以所見到的性器形態作為模式推導某人；標準器推斷，也即人們形成了一種標準性器模式推導他人的性器形態。特別是在標準器模式中，性個性達到了抽象，從而完全失去了其存在個性──男人都一個樣，女人都一個樣。這種個性失去，是性保守主義的關鍵理性依據和自我安慰基礎──男人

都一個樣，女人都一個樣；我有男人了，我有女人了；我有了，你有了；不必要再有，不可以再有。

　　性形態個性的被抽象有著極其重要的意義，它構成了人類全部性偶像崇拜和非兩性生殖器性交行為的意識前提和基礎。性偶像崇拜有人偶像與非人偶像兩類，人偶像是以某個人為標準的性偶像，非人偶像是各種雕塑、繪畫品。在崇拜活動中，人偶像崇拜曾經是遠古時期的流行儀式，某個巫或由巫選擇的某個人被作為標準的性偶像，人們對他（她）及其性行為進行膜拜和狂歡，這一標準性偶像在中國有文字記載的歷史中，就是屍──男屍、女屍。[1]至於非人偶像，就更是氾濫，在今天的全世界不僅有著無數的遠古和古代偶像遺存，而且也仍然作為活著的民俗文化現象在世界各地存在著。性偶像崇拜在現代狂熱的明星崇拜文化中深刻地內涵著，不僅是人偶像崇拜，而且更以包括著所有視覺形式藝術和技術的方式進行著非人偶像的崇拜，特別是電影技術的媒體傳播方式，幾乎把這種崇拜推向了極至化。

　　由於抽象，人體獲得了標準化，女性性器甚至僅僅抽象為了孔的形式，男性性器則抽象為了僅僅一個棒狀形式，從而，人類的性行為被極大地改變。人們仍然性交，但性交方式則變異為了多樣的甚至難以估計數量的非兩性性器性交方式。但不管如何方式多樣，還是可以歸納出大致的類別：肛交，這種方式當插入器為陰莖時，

----

[1]　《儀禮・士虞禮》注：「屍，主也。孝子之祭不見親之形，象心無所系，立屍而主意焉。又，男，男屍；女，女屍，必使異姓，不使賤者。」

被插入器官為男性肛門或女性肛門，當從被插入器為肛門的角度進行，插入器也可能是手指、舌頭甚至腳趾；口交，被插入器為男女兩性的口腔乃至咽喉，插入器為陰莖或手指乃至腳趾等；就肛交和口交來說，都是將人體除女性陰道外的蠕動孔道進行了類陰道化，或取代了陰道，而其基礎則是肛門和口腔遙遠的性屬性。類陰道化不止如此，它甚至超越了人體的自然孔道，可以使用模仿方式，比如用手、乳房和身體可夾陰莖的部位，甚至僅僅就是臉頰等部位皮膚的摩擦，其中手淫和乳交是最普遍的現象。由於人體可進行插入的棒狀部位較少，類陰莖化則簡單得多，通常就是舌頭、手指、腳趾。有一種情況比較特殊，即女性同性之間的「磨鏡」行為，既非類陰道化，也非類陰莖化，而是一種以陰蒂為主的同性自慰。這些性交方式在形式上是人體類性器的性交實現方式，某些方式比如肛交也可以在其他物種如猿猴中尋到蹤跡，但它們的發達則與性包裹導致的性器抽象有著直接的關係。

　　這些仍然使用的是人體本身，陰道和陰莖的抽象使得人類性交活動超越出了這一限制。既然陰道和陰莖是被抽象的，那麼，它們的具象化就可以不僅限於人體——類性器，而且也可以具象化為具有同樣抽象形式的動物軀體或動物器官，比如雞、鴨之類的肛門，牛、羊、豬、狗等動物的性器或肛門等等，從而人類發展出了獸交方式，其中，尤其以男性與雞、牛、羊、豬的獸交和女性與狗的獸交為較多。獸交的非人性極大地限制了其盛行，但獸交的突出特徵是人作為性交主體，將獸作為工具化的異性，因此，人類工藝取代並排斥著獸工具，通過工藝製作或選取，抽象的陰道

和陰莖具象為了工藝形態。由於工藝的限制及陽具崇拜的發達，人類首先發達出的是女性工具性交，也即女性用製作的陽具或選擇的棒狀物品甚至棒狀植物，對自己的陰道進行插入，或者，女性同性之間由一方使用這種工具模仿男性進行性交，當然，當女性非同性戀者時，或在被強迫時，也可以要求男性或被男性使用工具對其陰道進行插入。在現代，由於工藝問題的突破，無論女性還是男性，都獲得了工業化製造的現代性工具，這些工具既可以是陰道、陰莖的具象化，也可以是整個男性或女性人體的具象工具化。工具性交在當代越來越趨向於了高度仿真，但所謂仿真，在本質上還是標準化或模式化的性器和類性器而已。

所有這些，可以總稱為非兩性性器交。非兩性性器交的發達是人類獨有現象，雖然動物中有個別的行為現象，但不僅盛行程度證明了人類與動物的巨大差別，更是在人類行為的複雜類型上遠非動物可比。非兩性性器交不僅突破了兩性性器，而且也突破了人體──類性器，人的性器外化為了獸器和工具器，這種突破在本質上也是對性包裹的突破，也即對服裝性遮蔽的突破，是性壓抑中的性恣肆。這種性恣肆既然是性壓抑中發生的，自然也就是情慾的奔流，是一種意識現象。不僅是意識現象，而且，正是意識形態構成了非兩性性器交的原動力，這種意識形態就是「意淫」。

所有非性器性交得以實現的主體原因，是主體在意識當中把非性器作了性器化，以「視同」為性器或「視同」為性器交的意志實現行為，因此，非性器性交首先是在意識中得到認同和實現，

並形成意志力，外化為行為的實現。這種在意識層進行的性交，是意淫。也就是說，意淫不僅是非性器交的原動力，而且是其得以實現的主觀要素，非性器交行為的主觀內在形態是意淫，意淫可以在意識中純粹發生，但非性器交必然相伴著意淫。無論性器交還是非性器交，其生理行為的動作特徵都是機械的，即可以簡約化為一種簡單動作的反復進行，這種行為機械性具有非常大的固定化效率，向生理本能轉化，如果這種性交行為得到多次進行，最終會轉化為生理本能。當非性器交轉化為生理的本能時，非性器就可能會排斥性器，或者可能會導致非性器交排斥性器交，導致非性器交成為常態，此時，意淫的情況就發生了變化，它不再是非性器對性器的模仿，而成了非性器排斥掉了性器，意淫在非性器交中似乎消失了，這種情況是以意淫作為生理本能的養成前提的，因此，並不意味著意淫的不存在，而是意味著逆意淫。也就是說，習慣性的非性器交和排性器交的非性器交是逆意淫的。所謂逆意淫，就是由非性器交行為反嚮導致意淫的宣洩，而不是由非性器交達到意淫的現實實現，與正向意淫的心理傾向相反。

意淫對人體的超越也意味著對性包裹的超越，實現了非性交行為的性交──意識的性交。意識的性交既是自我的，也是對他人的，從而構成了自我和他人或主體和客體之間的非性交行為性交關係，這種關係自然呈現出感性傾向。自我和他人、主體和客體之間的意淫感性形態即性感，在自我是主體的性感呈現，在他人則是客體的主體化性感感受。在性包裹狀態下，如果不考慮語言等因素，只考慮視覺及觸覺方式，那麼，性感呈現和性感感受

的交接層就是在以服裝為基本的性包裹體表層上，而在非性包裹狀態下時，性感呈現和性感感受的交接層則是在人的裸體表層上。無論對於性感呈現還是性感感受，服裝包裹層都是特徵的，也即是服裝形式的性徵，或說服裝性徵。服裝性徵是性感呈現特徵，也是性感感受的對象特徵。

服裝性徵恰恰來源於並對應於服裝的性遮蔽。當性被遮蔽時，這種遮蔽形式也恰恰成為了外化的性指示：這一形式下是性的。或者說：服裝是性的。這一指示是被突出的，也即被遮蔽的性在服裝形式上突出為了一定的服裝的特徵形式。裙遮蔽了性器，但裙也指示了性器的所在，從而，裙是性器服裝化了的形式特徵。當服裝把性——人體——完整地或最大化地包裹起來時，性被最大化地遮蔽，但這種遮蔽形式也成為了全部的性的外在形式特徵，突出——強化——了被包裹的人體的性徵。也就是說，性越是被遮蔽的時，性也是越被突出著的。因此，性包裹著的人們更淫蕩，一切性保守時期也是歷史的意淫氾濫期。由於這一道理的不知，一些性史研究者因此被誤導，當發現了中世紀一些意淫工具時，以為掌握了那時性開放的證據，分不清楚被壓抑的意淫氾濫與被開放的性行為自由之間的區別，當然，也不會分清性保守下的妻妾制度、通姦風氣和行為與性自由的區別。

服裝包裹形態的性突出途徑恰恰在於「包裹」，也即在技術上體為緊身程度。服裝緊身程度越高，則性的突出程度越高。當服裝趨向於寬鬆時，也即緊身程度趨向於較低時，則性突出程度

較低，這並不意味著性突出的不發生，因為，無論服裝採用怎樣的寬鬆形式，只要它是符合於人體結構並適合於日常活動和常規行為的，就仍然具有一定的緊身程度，體現出人的基本形體，達到對人體及其主要肢體的指示。也就是說，性突出最基本的屬性和原則是人體或肢體指示。當服裝緊身程度較高，則性突出程度較高，其中的原則和屬性是形體顯示，也即服裝通過緊身達到貼身，在貼身中獲得人體形態的外化顯示，其最高程度是使被包裹的人體成為類裸體。正因為如此，即使寬鬆服裝，也可以有三種情況的形體顯示，一是迎風，一是出水，一是睡美人。在一定材料條件下，寬鬆服裝在風吹的飄逸中可以達到貼身，從而使形體獲得顯示（圖二十七）。當是出水或淋水時候，寬鬆服裝可以獲得緊身服裝的同樣貼身效果。就緊身服裝來說，迎風的意義不大，但是常規的材料時，出水情況下則可能強化貼身效果。睡美人是通過衣料的重力達到了貼身。服裝的材料對性突出具有重要意義，但服裝的製作和穿著更為重要，比如當代流行的牛仔褲，一般來說其料子都比較厚實，但在一定質料、製作和穿著下，女性穿著時不僅比較充分地顯示出臀部、腿部的形體，而且在街頭也可以常見到顯示出陰部輪廓的現象。

　　曾經流行的女性束胸現象是一種特殊情況，它已經不是常規的緊身行為，而是使用緊身方法努力對乳房壓迫，使女性平胸化，以消解這一女性特徵。如果認為束胸是一種緊身的話，那麼，可以把它看作是緊身的變異行為。這一變異行為是矛盾中的變態，雖然它曾經是非常流行，並被認為是必要的常態行為而被推廣。

圖二十七　德拉克洛瓦《引導民眾的自由女神》

束胸的前提是對女性性別的確認，沒有這個前提，也就沒有束胸，但束胸行為本身又是試圖通過消解女性性徵使女性男性化。束胸的第二個前提是對女性乳房的確認，也即承認女性存在著乳房，但束胸行為又試圖不願意承認乳房的存在。束胸的第三個前提是對女性發達乳房的確認——不發達的、平胸化的女性並不需要進行嚴格的束胸，但又不願意承認女性乳房的發達。

　　本書前面說過，永恆的乳房是人類與一般物種相區別的主要特徵之一，但當在男權背景下時，乳房僅僅只被限制為屬於女性的特徵。當在女性尚未發育或尚未充分發育時，男女兩性的基本人體形式所差異的是男性突出有陽具，在陽具崇拜文化中擴展為兩性的男性優勢，女性乳房的後出現則證明了女性的劣勢，這種優勢與劣勢的差別構成了夏娃由亞當肋骨製作的隱喻動機。這種

情況導致了兩種相反的乳房道德：當作為女性時，乳房是羞恥的；當作為母親時，乳房是驕傲的。這兩種乳房道德並不是男性對女性的直接強加，而是女性自我的評價。出於乳房羞恥，乳房是不可以裸露的，甚至應該是用束胸之類行為予以消解的。出於乳房驕傲，乳房是可以裸露的，因此，除了性交和性遊戲活動外，一般來說，乳房裸露行為主要發生在已經有過生育的婦女身上，哺乳婦女比較不避諱男性裸露乳房的根由也在這裡，而女性無論是否生育過，在公開場合裸露乳房強迫某個男性「吃奶」則是對他的極大侮辱行為。束胸是女性無法否定自己女性身份和乳房的發達而羞恥的自戕行為，它並不由男性執行，而是由母親督導、執行並演變為女性自覺的羞恥自律，其中又應因著對陽具的崇拜，試圖減少與男性的身體差異。因此，性包裹下的束胸雖然降低了形體顯示程度，但恰恰更強烈地指示著乳房的發生、存在和發達，也即當女性進行束胸，則無疑宣佈了其乳房已經發育並發達著，而糟糕的是，乳房越發達越需要束胸，恰恰乳房越發達束胸越低效，乳房在束胸中的鼓起更突出了乳房的發達。

性暗示與性象徵

在性包裹中，性獲得了對服裝限制或抑制形式的突破，這一突破賴以實現的物質化基礎是當服裝包裹人體時，雖然阻斷了包括觸覺在內、以視覺為主的對人體本身的感覺途徑，但服裝也因此演變為性感的物質層，其形式取代了人體體表形式，從而，服裝作為依附於和包裹著人體的物質形式，獲得了類人體體表——皮膚——的屬性，性因此而能夠獲得突出。但另一方面，服裝畢竟只是服裝，它並不是人體體表——皮膚——本身，這正是性包裹的基礎和實現手段。也就是說，服裝一方面是遮蔽性的，另一方面是突出著性的。這一矛盾決定了性突出並不是性本身的直接顯示，而僅僅是性的指示和間接顯示。因此，服裝所突出的性是暗示的，也即性的指示和顯示都是一種暗示。

但性的暗示並不僅僅包括性的突出，它有著屬於自身的更豐富的內容和方式。性突出是性通過服裝的凸現，具有明確的特徵性，性暗示的外延則更寬泛，它可以是被領悟的性感，既可能是主體自知自覺的，也可以是主體的無意識和潛意識表現，其性感程度決定於客體的感受能力和領悟實現程度。一方面，是主體通過服裝形式的性表現，一方面則是客體主體化的性領會、性估計和性審美。暗示，既是被性包裹者的主動暗示，也同時是他人視其為暗示的感知和判斷，也

就是說，即使性包裹體並沒有任何主觀的暗示動機，對其進行觀照的人也可以認定其外在形式是暗示著性的。因此，這方面涉及到自我與他人之間的雙重主動和被動關係：自我主動暗示自己的性感時，他人可以主動感知，也可以被動地獲得感知或不能得到感知；自我並不主動暗示自己的性感時，他人可以主動獲得感知，也可以並不獲得感知。因此，被實現的性感程度——自我的性感表現和他人對性感的感知達成一致——在自我主體表現確定的前提下，有著個體之間和個體與群體之間的兩重關係。個體之間的性感實現是個性的，個體與群體之間的性感實現是模式的，個性方式可以演變為群體模式，群體模式則構成個體方式的一般基礎，因此，所有服裝都是被個性地創造著的，但所有的服裝個性都不過是模式中的個性。

　　性暗示的這種個體與群體的關係，也蘊涵在性象徵中。就對性的指示和顯示方式來說，性暗示也可以被認為是一種性象徵，但性象徵的外延更比性暗示寬泛，如果不考慮暗示方式，性象徵可以僅僅指服裝全部的關於性的裝飾形式。

　　當服裝對身體進行包裹時，也遮蔽了被包裹身體的人體藝術形式。人體本身的藝術形式在服裝的遮蔽下，當不考慮裸體時，由此而失去了意義，正因為如此，曾經燦爛的人體藝術發生了衰敗，也即當人類步入文明時代之時，也是人體藝術色微之時。所有文明人群在人體藝術上都難以與文明前人群媲美，不僅如此，人體藝術甚至不得不受到文明的歧視，經常被看作為野蠻的象

徵，比如在現代中國大陸，紋身者通常會被人們視作甚至畏懼為可厭惡的不文明者。但是，人體作為人的生命實體所具有的生命性是活著的，其內在活力及人的意識和情欲是永遠噴發著的火山，其中也包括著時時噴發著的性，這種噴發並不會因為服裝對人體的遮蔽而終結，就服裝這一包裹著的物質層來說，它在對人體遮蔽的同時，也成為了人體的又一層皮膚，人體本身的藝術轉而為了通過這層新的物質的皮膚進行表現的藝術。也就是說，人體藝術現在轉化為了服裝的藝術。這種藝術不是人體藝術本身，但是人體的藝術，或者說是由服裝異化了的人體藝術。服裝藝術的本質不在於服裝本身，而在於人體本身，是人體的服裝形式，或者說是人體的服裝表現形式，反過來也可以看作是服裝的人體表現形式。沒有服裝的人體仍然可以是藝術的，脫離了人體的「服裝」則無法稱其為服裝，而僅僅只是材料──毛皮、布料或其他什麼，如果是藝術的，則不是什麼服裝的藝術，而是毛皮的、布料的或其他的什麼藝術，比如在中國，有著輝煌的以絲織品形式為表現基礎和方式的藝術傳統──絹帛畫、繡品等。

作為人體的服裝表現形式，人體藝術通過服裝藝術方式進行了外化，也即服裝藝術本質上是在對人體進行遮蔽的形態下進行表現的人體藝術形式，是外化了的人體藝術方式。因此，服裝藝術的基本原理都應因於人體藝術，由人體藝術的基本原則決定。人體藝術的性屬性同樣也貫穿在服裝藝術當中，人體藝術的四種靜態類型同樣構成了服裝藝術的基本類型：體現、變體、文飾、物飾。

　　服裝體現是服裝對人體進行的體現，或者說是通過服裝進行的人體體現。服裝體現是人體的，因此是性的，但它與人體本身的體現所顯示的性本身有著巨大的區別，這種性是已經由服裝材料及其形式改變了的。當一個脖子以下長滿了黑色汗毛的身體直接進行體現時，這是一個毛茸茸的性體，但當這個身體穿上白色的絲綢襯衣時，毛茸茸的性體就被改變為了光滑、潔白的性體。因此，服裝是文明的偽裝、虛偽的性體表皮。人們採用的服裝形式越自由，服裝材料越多樣，改變人體體現的方式也就越多。但不管如何進行改變，服裝形式和材料的選擇和使用終究脫離不了人體本身。毛澤東提倡「不愛紅妝愛武裝」，他的妻子江青盡量在革命現代京劇「樣板戲」中讓女性著裝男性化，但在讀小學時候的我和幾個調皮的同學還是從女演員的一舉一動中看到了男性化服裝下乳房的顫動，猜測著哪個演員的乳房更豐滿、屁股更碩大。當人類還沒有足夠多樣的材料用於製作服裝時，男女兩性服裝所選用材料的差別就較小，但在當代，男女兩性製作服裝選用的材料已經趨向「專門化」，還在手工織布階段就已經明確了用於製作男性服裝、用於製作女性服裝和兩性可以兼用的區分。

　　曾有一位女士問我：「跳古典芭蕾舞的男演員那東西怎麼都那麼大？」她這是由那些穿著緊身褲的男演員特別鼓起的下體引起的好奇。我反問她：「妳的乳房有我看到的這麼大嗎？」她紅著臉，明白了。當代中國大陸女性在走向解放的同時，也毫無個性地用胸罩把自己的乳房束縛了起來，在公共場所著裝不戴胸罩的行為

竟然被視作為了出格或不恰當，而所戴的胸罩則多數是用加厚材料製作和襯填，以偽裝出乳房的豐滿、挺拔甚至碩大，這種庸俗風氣導致了深夜氾濫的「豐乳」胸罩電視直銷節目和廣告瘋狂。無論是古典芭蕾舞男演員的緊身褲還是當代中國女性的加厚胸罩，都是服裝變體方式。服裝本身無所謂變體，服裝的變體是指服裝對人體本身的變體和人體通過服裝

圖二十八　1905 年著束腰的女性

實現的變體現象。也就是說，服裝變體有兩種基本方式，一是服裝導致人體本身發生了變形，一是人體本身並沒有發生變形，但在外化了的服裝形式上獲得了變形。前一種方式直接源於人體本身的變體藝術，在人類有了服裝後，人體本身的變體藝術演變為了通過服裝對人體本身進行變體的藝術。「楚王好細腰」[1]，如果講的是楚王不只喜歡腰部纖細的「士」，而且也包括女性，那麼，這就包括兩層意思：一是他喜歡選擇腰部本身纖細的女性作為性對象，一是他喜歡欣賞看上去腰部纖細的女性。作為被欣賞的細

---

[1] 《墨子・兼愛（中）》：「昔者楚靈王好士細腰，故靈王之臣皆以一飯為節，脅息然後帶，扶牆然後起。」這當中說明達到細腰的方式一是節食，二是用服裝約束身體。

腰，既可能是裸體狀態下的細腰，也可能是穿著狀態下的細腰。當這成為社會對女性的審美風氣，穿著就演變為了用服裝進行束腰的習俗，通過束腰改變女性腰部的自然形態，使其得不到完全發育和生長。這種情況在歐洲曾經是十分風行的習俗（圖二十八）。

服裝文飾也可以稱為服裝花樣，可以通過印染、刺繡、縫貼等手段將花樣製作在服裝材料上。花樣即各種圖案，服裝花樣直接源於人體文飾，隨著歷史的演進而日趨複雜，就與一般的美術形式一樣成為了視覺領域的表現形式。其中包括著直接的性表現形式，但性的表現主要是象徵的。這同樣也是服裝物飾的特徵和屬性。服裝物飾來源於人體物飾，以懸掛、裝訂、縫製等方式固定在服裝上，這種固定既可以是暫時的，也可以是永久性的，是服裝製作過程中作為服裝的一個必要附件和組成部分而被製作的，最普遍的永久固定物飾就是常見的花邊。如果借用美術術語來形容的話，那麼，服裝文飾也就相當於繪畫，服裝物飾則相當於附著於服裝上的淺浮雕、半圓雕和圓雕，也即是服裝的雕塑形式。無論是服裝文飾還是服裝物飾，普遍都是存在著性象徵的。這種性象徵所遵循的基本途徑有四條：性別、性愛、生殖與撫育，及由性別決定或具有性別傾向和特徵的其他行為和現象。

性別象徵是一種曲折的性別確認和指示，是最寬泛和最普遍的性象徵。性別象徵所指向的是服裝穿著者，但在實現上則可以採用性別崇拜的方式，男性對女性進行崇拜或女性對男性進行崇拜。比如，當花邊被認為是女性象徵時，某個男性採用

花邊以表達女性崇拜，但正因為是一種異性崇拜，所以，這個男性所採用的花邊恰恰確認了服裝包裹下的身體是男性的。這種情況同時也說明了性別象徵存在著錯亂空間和傾向，即生理性別與心理性別的倒錯。在人體本身的藝術中，由於身體的直接顯示，性別是直接顯示著的，生理性別與心理性別難以倒錯，但服裝藝術則遮蔽了性別的直接顯示，不得不迂迴地象徵著性別，這樣，生理性別與心理性別就比較容易發生脫離。人類除生理陰陽人以外的全部性別倒錯，在根本上都是服裝時代的心理產物，是文明在心理的自然異化現象（圖二十九、三十）。在性別象徵中，特別要注意象徵形式所具有的象徵性存在著兩種相對性：程度相對與有無相對。程度相對是兩性都採用同類象徵物，但女性較之男性更精細、繁瑣，比如更精細繁瑣的花邊象徵女性，較不精細、繁瑣的花邊象徵男性，其程度決定於人們的經驗習俗和社會心理模式。有無相對是男性或女性使用某種象徵物，不使用該象徵物者為另一性別，比如當花邊被認為是只有女性才可以使用的性別象徵物時，雖然男性並沒有使用花邊，但在女性象徵背景下的不象徵已經成為一種現實的象徵，不使用花邊被現實地象徵為了男性性別。

　　性愛象徵是對性狀況進行確認和指示的象徵方式，它根源於人類的成人禮、婚禮和離婚、鰥寡禮儀和制度，因此，可以分為不能性愛、等待性愛、有了性愛、失去性愛諸狀態。不能性愛主要是一種兒童裝束，服裝文飾和物飾有著比較鮮明的兒童性。等待性愛與有了性愛在戀愛自由、婚姻自由時代的界限是非常模糊

圖二十九　以男身扮演女性的
　　　　　京劇花旦梅蘭芳

圖三十　以女身扮演男性的
　　　　越劇小生尹桂芳

的，但在非自由戀愛和非自由婚姻時代則有著明確的界限，姑且把等待性愛的象徵方式稱為未婚類型或少年類型，也即已經成年並可以進行性愛但尚沒有獲得性愛或婚姻的類型；可以把有了性愛的象徵方式稱為已婚類型。同樣的道理，當在戀愛和婚姻不自由的時代，在某些文化族群中，鰥寡狀態也必須要在服裝文飾和物飾上得到表現，比如在中國古代的保守年代，寡婦服裝的文飾和物飾絕不允許「妖豔」，必須色彩沉著、樣式簡單。一般來說，即使在性保守年代，男性也擁有比較多的性自由——嫖妓甚至娶妾，因此，男性服飾受限制的較少，而女性服飾則受限制較多，其形式與其性關係狀態有著更多關聯。在性解放時代，女性獲得了戀愛與婚姻的自由，特別是當婦女職業化促動的晚婚時代，由於婚前性交行為獲得了自然的合法性和合理性，女性更是擺脫了

性枷鎖，因此，女性服飾打破了傳統的限制，不能性愛、等待性愛、有了性愛、失去性愛諸象徵類型演變為了由年齡大致區別的模式：兒童、少年、青年、中年和老年。

圖三十一　S＆M造型

有一種情況不能排斥出理性觀照的範圍，也即性愛過程中的服裝文飾和物飾。由於性交的隱秘性——即使群交愛好者的性交活動，終究還是在一定室內空間的隱秘行為，所有性交過程中的服裝文飾和物飾都是非公開形式，其中又包括常態與非常態。在現代，常態服飾比如內褲、胸罩的文飾和物飾，非常態的比如虐待、被虐待性等性行為中使用的高跟鞋、絲襪、金屬鏈條等（圖三十一）。這種性愛過程中的服裝文飾和物飾，雖然同樣是象徵的，但由於與性交過程和行為有著直接的關聯，因此，可以直接總稱為服裝性飾。

性透視、性裸露與性暴露

性包裹的基本意義在於：人體由服裝成為被包裹體，而服裝則是這個包裹體的包裹外層，因此，被遮蔽的性不能得到直接體現，而獲得了由服裝間接體現的方式。在這一包裹體上，服裝並不只是服裝本身，而是包括著由其遮蔽的人體。因此，當從視覺進行觀照時，其邏輯前提是服裝包裹形式下人體及其性的既定存在，這一邏輯前提決定了視覺結果並不受直接的視覺感覺阻斷，而是往視覺知覺乃至理性上升著——這就是人體透視及其性透視。

人體透視作為一種基本的美術技法和審美觀念，是在人類出現人體雕塑作品時候就已經有了的，到了達文西時更是獲得了解剖學的精確性。我這裡所說的性透視與這種人體透視相關聯，也有一定差別。美術的人體透視側重於人體內在生理結構與人體體表視覺形式之間的關係，通過裸體模特把握這一關係成為了西洋風格美術訓練的基本傳統。傳統的中國人物畫由於沒有這一訓練傳統而缺乏對人體進行客觀、精確表現的特長，更側重於畫家主觀、模糊的意、神的把握和表現。儘管如此，中國古典美術並沒有否定人體透視，事實上，中國古代也有著不少透視關係非常符合解剖學的雕塑品，雖然這不是中國古典美術的主流。凡美術，必然有透視；凡以人物為主體的美術，必然有人體透視。側重於

透視還是側重於意、神只是風格差別，側重於透視的古典西洋美術並不缺乏意、神表現，側重於意、神的中國古典美術也有著透視。當人物為穿著服裝的形象時，美術人體透視關係遞升為了人體與服裝視覺形式之間的關係，也就是說，美術人體透視關係形成了兩個遞進的層次：一是人體內在生理結構與人體體表視覺形式之間的關係，一是人體表視覺形式與服裝視覺形式之間的關係，這兩層關係的內在根本要素是人體內在生理結構，也即穿著服裝的人體視覺形式必須符合於人體內在生理結構。

性透視不需要美術透視訓練，不包括人體內在生理結構，其客觀前提是穿著服裝的人體，也就是說，當人裸體時候，也就不存在性透視。因此，性透視不存在美術透視的兩個遞進關係，而僅僅只存在人體本身與服裝形式之間的一層關係，賴以建立這一關係的知識不需要經過專門訓練，而僅僅只是人們從小養成了的常識：人有男人、女人。通過服裝形式，人們可以透視到視覺對象無數的性因素：男人、女人；高個、矮個；胖子、瘦子；長腿、短腿；寬闊的肩膀、狹窄的肩膀；厚實的胸脯、單薄的胸脯；豐滿的乳房、玲瓏的乳房；肥大的臀部、窄小的臀部……等等。到底可以「看」到多少因素和真實程度如何，決定於觀照者的透視經驗及其知識，也就是說，即使缺乏經驗和知識，主體依然可以從客體的服裝形式上透視出其內在的性因素，如果經驗和知識足夠多，則就更能獲得服裝形式上內在的性因素。

這種透視的基本機制是直接的視覺感覺阻斷，也即視覺只能達到服裝形式上，但被阻斷的視覺則可以由此而透視到服裝形式

下的人體，因此，性透視也可以稱為胴體透視。但是，直接視覺感覺的被阻斷並不一定是完全的，它可以分成三種類型：一是完全的被阻斷，也即服裝的料質可以達到將視覺完全阻斷，使視覺不能直接感知到胴體的任何因素，可以稱為完全胴體透視；二是服裝材料具有一定程度的透明性，或者說是半透明，視覺雖然被阻斷，但不是被完全阻斷，可以通過半透明的服裝質料部分地直接感知胴體，因此可以稱為半透明胴體透視；三是服裝料質無論不透明還是半透明，都以明顯但細密的孔洞形式編織，這些孔洞類似於規則或不規則的篩網狀，視覺除了部分被阻斷，也可以通過孔洞部分地直接達到胴體，因此可以稱為篩網胴體透視。半透明胴體透視和篩網胴體透視相對於完全胴體透視也可以總稱為不完全胴體透視。

　　在不完全胴體透視中，視覺感覺的被阻斷是部分的，也就是說，一方面直接的視覺感覺被部分阻斷，一方面又可以部分地直接感知到胴體，因此，這種透視是充滿遐想的。被阻斷是建築了可以被遐想的空間，不被阻斷則建築了通往

圖三十二　蕾絲內衣

遐想的道路。視覺的直接感知與不能被直接感知結合，造就了視覺無法完整地直接感知胴體，但方便和強化了對被遮蔽部分胴體因素的猜想，從而誘導了遐想。因此，一般來說，不完全胴體透視較之完全胴體透視更具有性感程度，在現代服裝系列中，採用這種透視方式的服裝普遍流行於女性內衣中，比如半透明材料製作的蕾絲材料內衣、內褲、絲襪（圖三十二）。

不完全胴體透視雖然屬於性透視範疇，但由於人體已經部分地被視覺直接感知，因此，它已經具有從性透視向性裸露過渡的形態。部分地被視覺直接感知的胴體因素，可以認為是被裸露的胴體因素，但是，繫於這些被裸露的因素不具有完整性，因此，尚不能夠歸入性裸露範疇。性裸露是不被服裝遮蔽的人體或人體部分，視覺可以獲得完整的因素。也就是說，裸露的人體或人體部分不存在服裝遮蔽形式，或者即使存在服裝形式，但由於服裝料質的完全透明，該服裝形式不具有遮蔽功能，從而可以將這一服裝形式予以視覺忽略。

在最保守的年代和文化體系中，人們試圖將人體最大可能地實現性包裹，人的雙手會被使用手套等方式包裹起來，人的眼睛也會使用面紗遮蔽，但這只是極端的、非常態的，並不是人類服裝史中的主流。人類最經典的性包裹形式是裸露著雙手和面部、眼睛，人體其他部分則用服裝進行完全遮蔽（圖三十三）。對雙手和面部及其眼睛也進行遮蔽的極端包裹方式是一個實證例子，證明了在性包裹狀態下全部的人體組成部分都成為了類性器，具有絕對的性感特性，因此，人體或人體部分的任何裸露都是性裸露。

在這一前提下，裸露雙手和面部及其眼睛的經典性包裹方式也同時是文明時代人類最經典的性裸露方式。正因為這樣，人類對面部──包括頭髮在內的整個頭部──及其眼睛，以及對雙手的修飾，是最被注重的。特別是視線相對的自然吸引導致的對面部的注意，使得面部成為了人類對自己身體進行修飾的主要焦點，在上面所投入的精力超過了人類在任何方面進行修飾所花費的精力，同時，面部也成為了性包裹狀態下兩性進行性選擇的首要切入點和要素。

以經典的性裸露方式為基本，雙手、面部在手腕、頸項部位與服裝整體形式的外輪廓之間，形成為了一個邊際線，通常稱為袖口、領口等，可以總稱為衣口或衣口線。所謂衣口線，就是服裝遮蔽人體的外輪廓線，它是服裝整體形式與人體之間的一個視覺界線，經典的服裝所具有的衣口線可以稱為經典衣口線。如果這一經典服裝整體輪廓線以內範圍是完全遮蔽的，那麼，當這一界線擴展而與整個人體的輪廓線一致時，就形成了極端的性包裹形態；但當這一界線收斂，使服裝對人體進行遮蔽的面積趨小時，經典的性包裹形態或性裸露方式就被打破，衣口線以人體性器為收斂焦點，人體裸露部分面積趨向較大，比如，袖口向肩膀提升，領口向胸腹部下降，褲腳口或裙下擺口向大腿根部上升，相應的手臂、胸腹、腿部獲得相應裸露。

在現代服裝業，按照典型的四季分明氣候所應因的實用屬性，將具有性裸露形態的服裝經驗地分為冬裝、春秋裝、夏裝，其中以夏裝所裸露的人體部分為面積最大。但是，夏裝是個極其

圖三十三　經典的性包裹方式

複雜的類型，如果不考慮服裝料質和製作工藝，它的流行形式包括了所有性遮蔽程度，既有著極端的性包裹方式，也在另一個極端達到了幾乎最小程度的性遮蔽，比如比基尼泳裝。因此，冬裝、春秋裝、夏裝的劃分僅僅是一種經驗模式。如果僅僅從衣口與人體之間的關係分析，理性角度可以以性器為焦點，按照人體裸露比例和部位劃分，這種劃分在服裝行業同樣也一定程度地流行，但比冬裝、春／秋裝、夏裝的劃分更精確，並可以不受地理環境的限制。比如，按照袖口角度，可以分為遮蔽到手腕部位的長袖服裝、遮蔽到肘部及其上下接近部位的長短袖服裝、遮蔽到臂膀上部的短袖服裝、遮蔽到近上臂肩膀部位的無袖服裝、遮蔽在肩膀中部和近脖子

部位的背帶服裝；按照領口角度，可以把服裝從人體正面分為遮蔽到臉部的超高領服裝、遮蔽到脖子上部的高領服裝、遮蔽到脖子底部的低領服裝、遮蔽到乳溝上部的高胸服裝、遮蔽到乳溝中部的低胸服裝、遮蔽到乳溝底部及其以下的超低胸服裝等；按照褲腳口角度，可以把褲子分為遮蔽到地面的拖地長褲、遮蔽到腳背及腳腕底部的普通長褲、遮蔽到小腿肚的中長褲、遮蔽到膝蓋部位的長短褲、遮蔽到大腿中部的短褲、平行遮蔽到大腿根部的超短褲、斜線遮蔽到大腿根部的三角褲等；按照裙下擺口角度，可以把裙子分為遮蔽到地面的拖地長裙、遮蔽到腳背及腳腕底部的普通長裙、遮蔽到小腿肚的中長裙、遮蔽到膝蓋部位的長短裙、遮蔽到大腿中部的短裙、平行遮蔽到大腿根部的超短裙等。

　　這樣的劃分只是服裝的基本類型，服裝形式的實際性裸露形態遠要複雜得多，充滿了變化。但變化終究是有規則的，也即服裝的性裸露變化形式在基本類型前提下，也有著其基本的模式。總合而言，可以分為窗口式、袒露式和分體式。

　　窗口式是在衣口之間範圍也即服裝整體的外輪廓範圍內的面積中開設窗口進行性裸露的模式。這種模式根源於進行極端性包裹的過程中，也即在試圖把性包裹發展為極端方式時，基於視線和呼吸的方便性，不得不把部分臉部或眼睛、口鼻部位裸露出來。這一歷史根源蘊涵著一對矛盾，一方面試圖實現性遮蔽，一方面又接受了性裸露，構成為了遮蔽的裸露，當從開放主義角度看時，則就成為裸露的遮蔽。遮蔽的裸露是保守主義的，它的目標是進行遮蔽，裸露是遮蔽中的開放，因而這是窗口式性裸露的悠久經典主義

（圖三十四）。遮蔽的裸露是為遮蔽的裸露，但裸露的遮蔽則是為裸露的遮蔽，也既遮蔽雖然仍然是需要的和基本的，但目標則是為了實現遮蔽中的裸露。之所以稱為窗口式，是從規則或不規則的幾何形式而言。服裝的遮蔽形式構成為一個整體面積，窗口開設在這個面之中，窗口本身不是篩網胴體透視中的細密編織孔洞，而是構成為直接裸露人體部分的面。正因為窗口是面的，所以視覺能夠直接獲得這個面的完整因素，跟通過細密編織孔洞只能獲得部分因素有著明顯的差異。所以是性的直接裸露，而不是性的透視。稱為窗口存在著一個內在規定，即：就窗口本身而言，其面積較之服裝實現遮蔽的面積來說較小。當「窗口」面積大到一定，超越服裝實現遮蔽了的面積較大時，就不再能夠稱為「窗口」，而實現了袒露。也就是說，窗口裸露較之遮蔽的面積只能是較小，在兩者之間的面積比例關係中窗口處於次要地位，一當這一地位被打破，演變成主要地位，「窗口」的面積成為了主體，窗口也就轉化為了袒露。所謂袒露式的服裝，就是用在服裝整體的基本形式中開設大面積空間的方式，實現直接視覺的大面積性裸露。這當中需要特別注意的是，所謂服

圖三十四　窗口式裸露

裝整體基本形式，就是人們經驗的服裝標準模式，它可以是一種觀念形式，可以是一種虛線。

　　性裸露也可以採取另一種模式，也即將人體予以明確分割，人體各部分或某些部分獲得獨立地位，分別獲得性包裹或性遮蔽，我把這稱為分體式性裸露。這一模式是極其古老的，如果把人體看作為是一個整體，並把帽子、鞋子看作為特殊的服裝形式，當帽子、鞋子發明時，並且服裝並不實現極端的性包裹方式時，帽子、鞋子和服裝之間的遮蔽關係是將人體予以分割的遮蔽，反過來則就是分體的性裸露。如果不考慮帽子、鞋子以及襪子、手套等因素，分體式性裸露主要就是指腳腕以上、頸部以下的人體部分，最經典、古老的分體形式是將胸乳部分與臀部予以分別包裹或遮蔽，之間的腰腹部則進行裸露（圖三十五）。綜合而言，當充分考慮和利用帽子、鞋子、襪子、手套等因素時，在現代，分體式性裸露已經比這種經典形式複雜得多，人體由二分而三分、四分甚至五分或更多。也就是說，既然是分體式，因此可以將這一模式進一步劃分為二分、三分、四分、五分等。無論多少分，當服裝處於穿著狀態時，人體各部分服裝都現實地結合為一個整體，各部分服裝之間形成裸露。但也正因為裸露，這種裸露是在分體形式下的裸露，因此，裸露的人體部分也構成了服裝各部分之間的分割帶，從而使各服裝部分擁有著相對獨立性。這一相對獨立性意味著除遮蔽性器部位的服裝部分外，其他部分的服裝都可以被脫卸。由於乳房對於女性來說的特殊性，如果仍然還需要進行性遮蔽，那麼，男性的脫卸底限就是性器遮蔽，女性的脫卸

底限就是性器、乳房遮蔽，這構成了服裝遮蔽的男性底限模式和女性底限模式。男性底限已經不存在服裝的分體形式，女性底限則仍然是一種分體模式。當女性繫於乳房次於性器的性徵屬性而將遮蔽乳房的服裝也予以脫卸時，女性就是突破了自己的性裸露底限，進行了第二性器暴露。

如果僅僅指性屬性或性因素的視覺直接顯露，那麼，性裸露乃至篩網胴體透視都可以被看作是性暴露。在中文語境中，暴露誠然是裸露，但更涵指裸露的極端，因此，我把極端化的性裸露特指為性暴露。所謂性暴露，就是性器失去遮蔽形式，直接呈現在了視覺當中。就其方式來說有兩種，一種是仍然存在著服裝形式的性暴露，一是脫卸了服裝的性暴露，或者說是裸體性暴露。裸體性暴露很容易理解，就是某人進行了裸體，並裸露出了性器。這種裸體與服裝發明以前人類先祖的自然裸體不能視為同一性質

圖三十五　民初夜總會演藝人員

的行為，性暴露的裸體是以服裝已經成為人類人體要素為前提的，也即人應該穿著服裝而沒有穿著，進行了脫卸。同樣的道理，幼兒乃至兒童的裸體由於具有一定程度的自然性，便不能視作為性暴露。比較難以界定的是仍然穿著的性暴露。

仍然穿著的性暴露可以稱為著裝性暴露。著裝性暴露必須是視覺的直接感知，這種視覺是常態的，也就是說，被偷窺的情況不屬於著裝性暴露，比如通過女性領口偷窺其乳房這一常見現象，女性本身的穿著並不暴露，而是偷窺者利用女性的大意而把自己的視覺與她的乳房建立起了直接的感知關係。著裝性暴露在文明時代的性交過程中是一個基本程式和行為，即使進行極端性包裹的男女，當他們進行性交時，還是不得不要有一個脫卸衣服的過程，當衣服脫到一定程度而沒有完全脫掉為裸體時，他們既穿著衣服又已經暴露出了性器，這時候可以看作是著裝性暴露。這種情況的藝術化，構成了脫衣舞的基本審美屬性。著裝性暴露有兩類情況，一是將服裝脫卸為暴露狀態，可以稱為脫衣性暴露；一是服裝本身設計、製作成的形式是暴露性器的，可以稱為設計性暴露。就性器暴露來說，設計性暴露的現代典型服裝形式是個別款式的女性情趣內褲，比如檔部開叉，用細帶從外陰兩側進行前後聯繫。

複雜的是胸罩的設計，乳房裸露比例多少屬於了暴露和不暴露？此外還涉及到乳頭裸露問題，比如僅僅不裸露乳頭是否屬於暴露？或者假設有人在遮蔽整個乳房的胸罩當中開窗口，僅僅裸露乳頭，這是否屬於乳房暴露？這樣的問題似乎很無聊，其實不然，它涉及到了服裝與性與法律界定的嚴重社會問題。與法律界

定相關的另外兩個問題是：一，雖然服裝材料對身體進行了遮蔽甚至包裹，但如果服裝料質為一定透明時，怎樣的透明程度可以忽視其遮蔽功能，從而認定其為性暴露？二，雖然著裝本身不是性暴露的，但如果特定的服裝在特定環境下時，比如女性穿著短裙但不穿內褲，地面則是用鏡子鋪造以映現其性器，這是否屬於性暴露？

性感

　　無論性因素以什麼方式顯示和表現——也即性的現實存在方式，只要是活著的性的人，性因素總合構成的都是性感形態。也就是說，只要是性感的，首先就是活著的人，其次，在常態狀態下這活著的人是成年了的，也即是已經或經過性發育或性成熟了的人。[1]性是指向生命體繁殖的生命自然屬性，是生命體延續著的存在方式，是由生理和心理促動的達成、試圖達成或自然趨向於繁殖的全部行為的總和，在兩性關係中可以是達成或試圖達成性交甚至只是進行性別確認的全部行為方式，並不一定要以繁殖為理性目的。性是與生俱來的生命屬性，因而當人在出生時的那一刻起就已經發生和存在，但作為一種現實的兩性行為關係則由性發育和性成熟實現，正因為如此，所以，與兒童的性交或試圖性交的行為是違背人性的，不僅如此，而且，當性禁忌是一種被普遍認可的道德，而不是或不只是法律時，在該道德體系內違背性禁忌的性交或試圖性交的行為就是違背道德的，比如一個女性實際的發育年齡為十二歲，但社會成年禁忌的尺度為十四歲，當這個女性已經發育，生理可以實現正常性交，但她並沒有達到十四

---

[1]　應該注意到，對於非常態的性感受主體來說，比如戀童癖者，尚未性發育的兒童也是性感的。

歲,如果某個成年男性與她進行性交或僅僅只是撫摸她的性器以刺激她的性慾,則該男性是非道德的。至於法律規定的婚姻年齡與性禁忌年齡不一致,比如法律規定必須滿二十歲才可以結婚,這種法律既是非理性的,也是非人性的,在現代更是違背道德的,比如十五歲後的女性可以性交,而法律規定婚姻必須在二十歲,則這一法律就把自己陷進了矛盾謬論當中,既承認甚至是在鼓勵普遍的婚前性行為,又把這種婚前性行為約束為不能合法化。本書不是討論與性相關的法律問題的著作,之所以不得不非常偶或地提到法律,是因為當人類出現與性相關的禁忌時,這種性禁忌實際上就是人類萌生了的自然法,而服裝正是這種自然法進行實施的一種物質形式,性遮蔽和性包裹是自然法的物質方式,在國家法出現之後,特別是在現代法律越來越龐雜的社會,性與服裝的關係更是深刻地蘊涵在了法律當中。

我在本書前面說過:自我和他人、主體和客體之間的意淫感性形態即性感,在自我是主體的性感呈現,在他人則是客體的主體化性感感受。這當中有兩個核心的規定:性感是一種繫於客觀觀照的主觀情慾形態,它發生於主客體關係當中。因此,性感也可以說是發生於主客體關係中的一種主觀情慾形態。首先,性感是主觀的,其次,性感是客體的。作為主客體關係中的主觀,性感既以自我的感性能力為基礎,也受其限制,同時也賴於對象的視覺形態——如果把性感只是理解為一種視覺感知關係的話,不僅如此,性感也以主客體全部的相關觀念為精神基礎並受其限制,也即性感與人們的人生觀、社會觀、道德觀、法律觀、文化

觀乃至種族觀等各種觀念有著密切關係，因此，性感既是審美的，也是人生的、社會的、道德的、法律的、文化的，並且，在人類歷史上，曾經受著種族觀的久遠影響和左右，而且至今仍然深刻地植在無數人的大腦神經中。魯迅說：「賈府裡的焦大絕不會愛上林妹妹的。」[2]他的這一說法並不符合實際，林妹妹在焦大眼睛裡並不會不性感，焦大們造反時候和造反成功時候對強姦林妹妹們或把林妹妹們納為妻妾是很熱衷的。但魯迅並不全錯，當焦大只是焦大時，更現實地喜歡和需要的是善於幫他燒飯、做粗活、生孩子的女人，也即中國過去貧民選擇婚姻對象所普遍強調的，是要會「過日子」的女人。魯迅的錯誤在於使用了他試圖接受的階級對立論，把焦大與林妹妹之間的性感關係絕對割裂了開來，而沒有看到林妹妹對於焦大較之對於賈寶玉來說的性感程度只是趨向於較低而已。[3]也就是說，性感首先是性的，但人們其他的觀念會影響乃至左右性感程度。討論性感與相關觀念因素之間的關係是現代人類知識的一個非常重要題目，足以用數本專著進行思考和表述，但這不是本書的任務，我在這裡所要簡約討論的是性感與服裝之間的純粹關係。

性感作為主觀的情欲狀態，首先不是由性感主體進行自我評價，而是要由客體即他人通過視覺感知進行評價，進行評價的客

---

[2] 魯迅：《二心集·「硬譯」與「文學的階級性」》。
[3] 實際上，如此評價文學作品並不妥當，這種評價法是把焦大、林妹妹、賈寶玉進行了概念化，我這樣評價只是不得不循著魯迅自己的階級論概念化思維進行而已。

體在評價中成為評價主體。因此，對於某個人來說，他或她的性感程度首先是外在的、客觀的，但這種客觀是客體的主觀。他人對主體的性感評價是個體的，因而是個性的，也就是說，一個人的穿著對於某人來說是充滿性感的，但對另一個人來說則可能是缺乏性感的。於是就發生了一個問題：性感評價是否存在客觀化程度？也就是說，如果一個人性感程度被某個他人的評價認定為較高，既可能被其他一些人評價為較低，也可能意味著獲得較多人的較高性感評價，其中是否有一個尺度？這當中存在著一個機制，也即為較多人或由人們普遍評價為一定性感程度的服裝模式，構成為了服裝性感模式。也即性感通過一定的服裝形式達成為了一定的性感模式，並且，性感模式由此獲得了客觀的物質化體現。這當中發生了一個重要的轉換，也即性感的個性被趨向消解，並由主觀獲得了物質化了的客觀標準和形式。正是由於這種客觀性感模式的發生和存在，主體就由此可以憑據其進行自我性感程度評價，也即主體實現了將自己作為客體，按照由他人或估計的由他人進行的評價及其構成的模式，對自己的性感程度進行評價。這是性感的自我評價。在性感的自我評價中，繫於主體的個體性，個性又獲得了恢復。由於自戀情節及相應的性驕傲、性自卑傾向，性感的自我評價傾向於了複雜化，向我的指向被強化，性感模式處於了附屬地位，性感主體達到了個性凸現。由此，主體與客體的關係由與他人的關係改變為了與自身的關係。也就是說，性感成為了自我評價和自戀形態。因此，性感就包涵著了兩個層次的內核，

一是由外在的他者進行觀照所感受的，一是由自身的觀照所感受的。

　　服裝性感程度的全部評價都建立在一個基礎之上：服裝無論採用何種質料和設計、製作為何種形式，服裝本身無所謂性感不性感，服裝的性感未必就是實際穿著在人體上面的性感，但一定是與人體至少在意淫空間結合著的。服裝性感是服裝在性遮蔽和性包裹中發生的，這種發生既是實際的，也可以由實際轉化為純粹意淫中的形態。性感本就具有意淫性，但當這種意淫是在服裝與人體實際結合著的視覺中發生時，可以認為這種性感是實際的性感；當服裝與人體並沒有實際結合，也即服裝並沒有實際穿著在人體上面時，視覺直接的形式僅僅只是服裝，而不包括被遮蔽或包裹的人體，這時候服裝的性感純粹就是在意淫空間發生。現代流行的明星物品貿易中以服裝為主要，這種所謂的明星服裝所滿足的正是崇拜者們對明星的純粹意淫需求。不過，對這一現象的把握必須要注意的是，意淫不僅是異性意淫，而且也包括著同性意淫，甚至由於同性意淫的至今未被人類理性所廣泛認知和承認而具有了隱晦性，因而更得以風行。能夠典型地說明服裝性感的純粹異性意淫問題的，是異性戀物癖中的戀衣癖現象。

　　明星服裝較之一般服裝的價值在於它是曾經被明星穿過的，也就是說，一件未被明星穿過的服裝並不能作為「明星服裝」拍賣，至多只能算是曾經被明星看中過的或被明星推薦的服裝。「明星服裝」一定是「舊」的服裝。作為戀衣癖對象的服裝同樣也是「舊」的服裝，戀衣癖者幾乎不會去商店購買了新的服裝來滿

足自己的戀情，因此，異性戀衣癖者的典型行為是通過偷竊獲
得異性服裝，這種偷竊來的異性服裝是被異性穿著過的「舊」
的服裝。為什麼異性戀衣癖者會偏好「舊」服裝呢？因為服裝
是「舊」的，所以就是被異性穿過的，也即這樣的服裝是曾經
與異性的身體結合過的，新的服裝則不具有這一屬性。這當中
又有兩種情況：一是所偷竊的服裝是特定對象的，比如某個男
性戀衣癖者專注於某個女性鄰居晾曬的她所穿的胸罩、內褲，
這是對象具體的異性戀衣癖；一種情況是並不清楚服裝的具體
穿著者，比如某個男性戀衣癖者只要見到晾曬的女性胸罩、內
褲並有機會就實施偷竊，這當中，他並不知道所偷竊的胸罩、
內褲屬於哪個女性，但他可以確認所偷竊的胸罩、內褲是屬於
女性穿著的，這是對象非具體的異性戀衣癖。只有當對象非具
體的異性戀衣癖難以滿足時，也即戀衣癖者由於種種原因比如
道德自律、沒有偷竊機會等而難以得到「舊」的異性服裝時，而
自己的情慾又難以抑制，才可能去商店購買新的異性服裝滿足自
己。這種異性新服裝的特徵一定是性別鮮明的，比如女性特徵特
別鮮明的內褲、胸罩、裙子等，雖然作為新服裝並沒有被女性穿
過，但它們註定是要被女性穿的，也即是被戀衣癖者假設為一定
會被女性穿著的，雖然較之「舊」的女性服裝存在還沒有與女性
肌膚發生過關係的遺憾，但彌補了不能獲得女性「舊」服裝的情
慾虛空。因此，對象非具體的異性戀衣癖者通過購買異性新服
裝獲得滿足的個別現象，並不能否定戀衣癖的「舊」服裝屬性
要件。

　　儘管服裝性感程度評價是充滿個性的，並終究落實為個體的性感呈現和性感感受，任何具體的性感程度評價模式由此而並不具有絕對性，但既然是發生於現實時空中的現象，其中便仍然有一定的規則。性感程度既然是「程度」，便意味著是相對的，也即某件服裝在此種情況下可以被認為是性感的，但在彼種情況下則可以被認為是比較不夠性感的，在通常口語中甚至就只是「不性感」。相對性是性感程度的核心原則，也就是說，雖然人們總是追求著性感的模式絕對化，但並不能建立起任何絕對的性感模式，性感或不性感永遠是相對的。這種相對性突出體現在性感的個案性上，也即任何實際的、實在的服裝性感都是個案的。個案之間誠然是可以模仿的，但模仿不等於取代，其實現仍然是個案的。因此，個案性是服裝性感的基本原則。要言之，服裝性感的規則以相對性為核心原則，以個案性為基本原則。

　　這樣兩個原則都以特定的時空為基礎。就時間言，繫於性感的根本在於活生生的人體，因此，服裝性感是以當下為基準的，也就是說，服裝性感以當下為基準，越是過去的、「陳舊」的，越是缺乏性感，這一點深刻地反映在人們對新製作的或看上去比較嶄新的服裝的普遍偏好上，因此，同樣一個女性，穿著一件新衣服或華麗的衣服較之穿著一件破舊的衣服更性感。就空間言，服裝性感程度與視覺空間距離有密切關係，以兩性親昵的零距離為基準，大致說來，當假設環境一致情況下時，距離越遠則性感程度越低，遠到渺小、模糊，則性感程度趨向於零。這是性感的時空性，時間方面可以稱為性感的當下性，空間方面可以稱為性感

的近距性。性感的當下性構成了現代服裝流行時尚的基礎，這並不是說性感當下性製造了現代服裝流行時尚，而是由龐大的服裝設計業、製造業及他們營造的使崇尚者們達到近乎迷亂的氛圍，通過不斷推出的服裝質料和服裝款式，強制加速服裝的新舊轉換，利用服裝性感當下性製造人們對新服裝質料和款式進行追逐的熱情，被人們追逐的即為流行時尚，不被人們追逐或由時尚而不時尚了的則是「舊服裝」。性感的近距性是人與人的接近性，也即只有當人與人之間是接近的時，服裝才是性感的。這種接近性雖然是一個空間概念，但由於人與人之間的空間感性關係當不考慮觸覺、聽覺和嗅覺時候，主要是一種視覺關係，因此，在現代攝影手段、電影手段和舞臺手段下，人與人之間視覺的空間接近是可以被製造的，也即一個人雖然與他人實際的空間距離較遠乃至遙遠，但可以通過現代技術手段——特寫——將自己近距離地感性呈現在他人面前，向他人呈現和表現自己的性感。

任何服裝都是特徵的，從性的角度說就是性徵的。服裝性徵的差異構成了性感層級，比如不同程度和方式的性裸露實際也就是相應的性感層級。服裝性感層級也就是服裝性徵按照性感程度的模式層次分別和模式等級分別，比如服裝袖口的長袖、長短袖、短袖、露臂、露肩等，領口的高領、低領、露乳溝、露乳等。服裝全部的性徵層級在現代都集中為外衣－內衣體系。外衣－內衣體系自然是將服裝分成了外衣和內衣兩個系列，這兩個系列的劃分是極其模糊的，是經驗的約定俗成。但既然有這劃分，自然不會違背本節上述一些原則和規則。外衣和內衣的劃分，內涵著深

刻的空間觀照關係，這種空間觀照關係與人們的居住、活動空間特性結合著，當然，也與時間——季節或氣候狀況——緊密關聯著。所以，居住、活動的空間特性，既是空間本身的屬性，又不純是空間本身的屬性，所謂居住、活動，同時也是倫理的、道德的，並包涵了其他諸如審美、社會、政治等複雜的因素，而倫理、道德則是最基本和最重要的因素，構成了對空間觀照關係的規定。因此，貫穿外衣—內衣體系的主要是一個二維量度：視覺—建築維度和倫理—道德維度。這當中又是以最少穿著標準為基礎的，也即穿著標準不是以多穿為衡量，而是以最少可以或允許穿多少為衡量，比如當屬於應該穿著睡衣的空間時，睡衣的穿著是必要的底限，但穿著更多則並不受限制。

　　視覺—建築維度是視覺與建築所建構的空間關係，也就是說，視覺由於建築的存在，視覺空間便由建築的阻隔而發生變化。因此，首先可以分為室內與室外兩個空間層次。室內空間又可以分為房間的和廳堂的，室外空間可以分為群落的和曠野的。倫理—道德維度導致視覺—建築維度不再純粹，室內、室外兩大空間層次及其相應的空間關係因此獲得調整，也就是說，純粹的空間關係繫於服裝主體與他人的倫理—道德關係而被規定了倫理、道德屬性，這種倫理、道德屬性構成了服裝穿著的性感規定——在一定的空間服裝性感程度是被限制的或被發揚的。當房屋是包括著一定數量分割封閉空間的建築時，房間和廳堂是這些封閉空間的兩大類，如果把「房間」設定為私密性的封閉空間，則「廳堂」就是半私密的或半公開的封閉空

間，也即房間與廳堂的區分是相對於服裝主體與他人在封閉空間進行交往的倫理、道德關係而言的。當是服裝主體與性伴侶進行性活動的封閉空間時，這個封閉空間就是臥室。當服裝主體與性伴侶及其他家庭成員相處的封閉空間時，可以稱為居室。居室中可以包括廳堂，但廳堂並不局限於服裝主體與家庭成員的共同相處，而且也接納外來者，因此，特指的廳堂是人們進行彙聚的室內封閉空間。群落的室外空間是指由建築群落構成的開放空間，而曠野的室外空間則是遠離建築群落的空曠野外。群落的室外空間是所有人們走出建築進行活動和彙聚的地方，曠野的室外空間則是人們趨向於稀少乃至孤單的地方。

　　繫於不同的空間，服裝也就相應有了不同的類別。在臥室穿著的服裝可以稱為臥室服裝（圖三十六），在居室穿著的服裝可以稱為居室服裝（圖三十七），在廳堂穿著的服裝可以稱為廳堂服裝，在群落的室外空間穿著的服裝可以稱為室外服裝（圖三十八），而在曠野穿著的服裝由於視覺範圍內他人數量趨向於零，並且人與環境的關係接近於了原野，內涵著了返祖衝動——環境暗示和心理形態趨向於複歸人類祖先的行為方式，在文明和野化的兩向間服裝穿著獲得了自由。因此，在曠野中的穿著可以不作為現代服裝規範的考量。臥室服裝是在最私密空間穿著的服裝，直接與性行為和人體本身相關聯，這一空間是最內在的，因此，臥室服裝就是最內在的內衣。居室服裝所面向的對象，已經不只是兩性，而是可能包括著了更多的家庭成員，內衣已經外向化，因此是外向的、普通的內衣。廳堂服裝突破了家庭成員限制，所面

圖三十六　臥室服裝

向的是所有聚集到廳堂的人們，也即雖然仍然在室內，但人際關係已經外向，因此，兼具了內、外的特徵，既可以屬於內衣，也可以屬於外衣，綜合而言，可以稱為正裝，也即可以面向所有人並在室內廳堂這一典型的文明社交場合穿著的「正式」服裝。在群落的室外空間比如街道、廣場、公園等場所穿著的服裝也即典型的外衣。

　　如果將時間──季節、氣候──因素考慮、貫穿進來，外衣、內衣就構成了一個體系，也即外衣─內衣體系。這個體系涉及到兩種情況：

　　　一、外衣和內衣既是互相獨立的，也是互相配套的，設若
　　　　　天氣比較寒冷，當在一定空間場合時，外衣和內衣就
　　　　　由外而內包裹或由內而外累加，將人體構建為了一個筒

體，也即象筍一樣用服裝將人體本身一層層包裹了起來，這種筍體是一個完整的或標準的外衣—內衣體系；

二、設若天氣比較炎熱，當在一定空間場合時，通常被認為的內衣獲得了外衣的屬性，也即內衣實現了外衣化，外衣—內衣體系不再是完整的，而成為了一個簡約的體系。

這兩種情況在現代當由於空調普遍使用時，室內空間溫度的人為調整，特別是在廳堂這個空間層次，得到了普遍的濫觴。空調並不是服裝本身，但它所導致的服裝革命意義並不亞於建築的發明所導致的服裝革命，它雖然沒有改變人們的空間關係，但由於對氣溫的改變，導致了標準的外衣—內衣體系被廣泛打破，在

圖三十七　居室服裝

一個封閉空間裡，特別是在廳堂這個範圍，外衣實現了內衣化，內衣實現了外衣化。即使如此，標準的外衣─內衣體系仍然作為一種規範存在著，它作為一種範式構成了服裝對人體進行包裹的邏輯，也即由內衣和外衣自內而外對人體進行層累地進行包裹。

圖三十八　室外服裝

　　標準的外衣─內衣體系作為一種服裝邏輯，互相構成為了一種層級，這種層級也是性感層級，可以稱為筍型性感體系。假設一個女性穿著胸罩、內褲，之外穿著緊身內衣和連褲絲襪──至此構成臥室內衣體系，再之外穿著襯衣和短裙──居室內衣，再之外穿著上裝──正裝，最外面穿著風衣──外衣，則胸罩、內褲、緊身內衣、連褲絲襪、襯衣、短裙、上裝、風衣總合構成了這個女性的標準外衣─內衣體系，臥室內衣、居室內衣、正裝、外衣自內而外就如筍葉，層層累加，建構起對她的性包裹體系，反過來，這一體系也是她的筍型性感層級，在她這樣完整著裝時性感層級最低，也即性感程度最低，當她自外而內逐層脫去服裝時，由風衣－上裝－襯衣、短裙－緊身

內衣、連褲絲襪而胸罩、內褲，她的服裝性感程度逐層提高，
她的每一件服裝都構成了一個性感層級。脫衣舞藝術鼓動觀賞
者的機制，實際就在這裡，舞孃通過自外而內一件件服裝的剝
筍過程或自內而外的一件件抽筍過程，逐步提高自己的性感層
級，將觀賞者的激情調動起來（圖三十九）。

圖三十九　脫衣舞孃

性禁錮、性保守 vs.性開放、性解放

　　性禁錮根源於性禁忌，或者說當人類一產生性禁忌時，性禁錮也就出現。性禁錮與性禁忌的關係是同一問題的兩面，性禁錮是實現性禁忌的途徑或方式，性禁忌是性禁錮的根由和合理性所在。繫於性禁忌是人類性關係和行為的進化，性禁錮也就成為自然的、合理的性行為道德，進入文明時代則也擁有了合法性。性禁錮作為一種性行為道德，深刻體現在人們的服裝穿著行為中，所有服裝穿著方式——或者說所有的性遮蔽和性包裹方式——都是包涵著性禁錮原則的。也就是說，不管怎樣的服裝形式，都是服裝的性禁錮形式。

　　服裝性禁錮與貞操褲、貞操帶之類有著很大區別。服裝性禁錮首先是一種性的視覺禁錮，通過服裝材料和形式對性的視覺進行阻斷。貞操褲、貞操帶之類則主要是對性交行為的約束和阻止，而不是對性的視覺的阻斷，也即當兩性試圖進行性交時，由於受貞操褲、貞操帶之類限止，性交行為無法得到實行。這就是說，貞操褲、貞操帶之類並不屬於服裝形式，而不過是借用了服裝形式或模仿服裝形式，使得兩性即使已經解除了性器的視覺乃至觸覺阻礙，也仍然不能進一步實行性交。服裝性禁錮是一種性禁錮方式，雖然貞操褲、貞操帶之類是對性行為的阻絕，但並不等於就是性禁錮。貞操褲、貞操帶之類所針對的性行為並不是所發生

社會中的常態性行為，而是針對偷情這一被視為非常態的性行為，性禁錮所針對的則是常態的性行為和性關係，但是，兩者之間也有著深刻的關聯。性禁錮是對性行為和性關係進行限制，是「不可以發生」，這種觀念在一些兩性關係中與自卑、狹隘心態一當發生極端化結合，便借助技術性手段，用貞操褲、貞操帶之類執行了性禁閉，轉變為「不能夠發生」。性禁錮的「不可以發生」以「可能發生」為前提，貞操褲、貞操帶之類性禁閉雖然同樣以「可能發生」為前提，但由缺乏信任或缺乏自信作了進一步概念偷換，將「可能發生」遞進為「會發生」或「一定發生」，而且，將性禁錮所限制的性交、性親昵、性視覺等泛化內容狹隘化為了性交，以技術手段使得「一定發生」的性交行為無法實施，因此，更是性的禁閉。

　　貞操褲、貞操帶之類性禁閉一方面將性禁錮推到性器鎖閉的極端，一方面卻自卑地認可了性親昵和性視覺，也就是說，貞操褲、貞操帶之類性禁閉所限制的是性交行為和關係，而相對於服裝性禁錮來說則充滿自卑，無法守住服裝性禁錮——性遮蔽和性包裹——這一防線，認可性裸露和性暴露。正因為如此，貞操褲、貞操帶之類性禁閉工具和方式，在現代就氾濫了吊詭的異化，反而成為了自虐或虐他性行為的方式之一，也即性交雙方使用貞操褲、貞操帶之類性禁閉工具和方式作為調情手段，以刺激和提高自己或雙方的性激情。貞操褲、貞操帶之類內在的性禁閉矛盾——禁欲的淫蕩或淫蕩的禁欲，非常具體地體現在了貞操褲、貞操帶的一些常見設計和製作形式上：一方面對性器進行鎖閉，一方

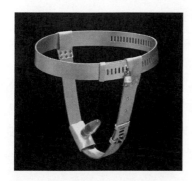

圖四十　設計有假陰莖的現代女用貞操褲

面在女用貞操褲、貞操帶上又安裝了插入陰道的假陰莖（圖四十）；一方面不允許兩性性器性交，一方面則進行著工具性交。

極端的服裝性禁錮即極端的性包裹，試圖用服裝形式最大可能地遮蔽人體，將服裝性感程度降到最低。但就如我在本書前面的討論中所一直貫穿著的精神——任何的性包裹或性遮蔽方式恰恰成為了一種服裝性感形態；任何的性禁錮都不得不把人們可能發生現實的性行為和性關係作為自己的邏輯前提；任何的服裝性禁錮都是以性感呈現和觀照為實際前提的。因此，服裝性禁錮就實際因應於了性感呈現和觀照，與服裝性感一樣並對應著一定的層級，也即服裝性禁錮層級。或者可以說，服裝性感層級從另一個角度看，也是服裝性禁錮層級。這一「另一個角度」，即性保守。性保守並不意味著對性缺乏觀照能力和拒絕性行為及其關係，它僅僅是一種關於性的立場，這種立場要求按照其認可的合理乃至合法的性禁錮觀念對性行為和性關係進行評判，將不符合這種觀念的性行為和性關係評判為異端乃至罪惡。這當中蘊涵著性保守擺脫不了的天然內在衝突：理性立場與性觀照及其意淫的自由本能各司其職，彼此並不具有同一性，其分裂構成為人格對立要素，兩

個方面甚至完全分道揚鑣。也就是說，性保守是一種理性立場，但其感性渠道恰恰是違背這一立場的，對性的感知及行為較之自身的理性屬於異端甚至罪惡。

《子夜》是中國現代白話長篇小說中的著名經典，作者茅盾深厚的文字功力一定程度地掩蓋了其敘事典型主義、階級主義等概念化缺陷，這本書最出色的部分其實只是開篇三張紙——從封閉農村踏上開放上海土地的吳老太爺走向死亡的過程。茅盾敘述道：

> 像一枝尖針刺入吳老太爺迷惘的神經，他心跳了。他的眼光本能地瞥到二小姐芙芳的身上。他第一次意識地看清楚了二小姐的裝束；雖則尚在五月，卻因今天驟然悶熱，二小姐已經完全是夏裝；淡藍色的薄紗緊裹著她的壯健的身體，一對豐滿的乳房很顯明地突出來，袖口縮在臂彎以上，露出雪白的半隻臂膊。一種說不出的厭惡，突然塞滿了吳老太爺的心胸，他趕快轉過臉去，不提防撲進他視野的，又是一位半裸體似的只穿著亮紗坎肩，連肌膚都看得分明的時裝少婦，高坐在一輛黃包車上，翹起了赤裸裸的一隻白腿，簡直好像沒有穿褲子。「萬惡淫為首」！這句話像鼓槌一般打得吳老太爺全身發抖。然而還不止此。吳老太爺眼珠一轉，又瞥見了他的寶貝阿萱卻正張大了嘴巴，出神地貪看那位半裸體的妖豔少婦呢！老太爺的心卜地一下狂跳，就像爆裂了似的再也不動，喉間是火辣辣地，好像塞進了一大把的辣椒。

在這種刺激中，到了兒子吳蓀甫家中：

> 吳老太爺只是瞪出了眼睛看。憎恨，忿怒，以及過度刺激，
> 燒得他的臉色變為青中帶紫。他看見滿客廳是五顏六色的
> 電燈在那裡旋轉，旋轉，而且愈轉愈快。近他身旁有一個
> 怪東西，是渾圓的一片金光，荷荷地響著，徐徐向左右移
> 動，吹出了叫人氣噎的猛風，像是什麼金臉的妖怪在那裡
> 搖頭作法。而這金光也愈搖愈大，塞滿了全客廳，彌漫了
> 全空間了！一切紅的綠的電燈，一切長方形，橢圓形，多
> 角形的傢俱，一切男的女的人們，都在這金光中跳著轉著。
> 粉紅色的吳少奶奶，蘋果綠色的一位女郎，淡黃色的又一
> 女郎，都在那裡瘋狂地跳，跳！她們身上的輕綃掩不住全
> 身肌肉的輪廓，高聳的乳峰，嫩紅的乳頭，腋下的細毛！
> 無數的高聳的乳峰，顫動著，顫動著的乳峰，在滿屋子裡
> 飛舞了！而夾在這乳峰的舞陣中間的，是蓀甫的多皰的方
> 臉，以及滿是邪魔的阿萱的眼光。突然吳老太爺又看見這
> 一切顫動著飛舞著的乳房像亂箭一般射到他胸前，堆積起
> 來，堆積起來，重壓著，重壓著，壓在他胸脯上，壓在那
> 部擺在他膝頭的《太上感應篇》上，於是他又聽得狂蕩的
> 豔笑，房屋搖搖欲倒。

以「萬惡淫為首」為倫理道德原則的吳老太爺，就其理性的服
裝性禁錮層級標準來說，女性服裝必須是性感層級最低化的性包裹
方式，但問題是，他的感性恰恰是極其敏感的，遠要超出他兒子吳

蓀甫之類生活於開放上海的人們，能「看」到他們所不能「看」到
的。吳老太爺從僅僅裸露出半隻臂膊和只露出小腿的旗袍上，[1]「看」
到的是二小姐芙芳「一對豐滿的乳房很顯明地突出來」，轉過頭去，
則看到路上一個乘黃包車女性「簡直好像沒有穿褲子」，與他一起
來上海的兒子阿萱則是從這個女性看到一個「半裸體的妖豔少
婦」。當從碼頭到了吳蓀甫家，吳老太爺就更是從女人們的輕綃上
「看」到了底下「高聳的乳峰，嫩紅的乳頭，腋下的細毛！無數的
高聳的乳峰，顫動著，顫動著的乳峰」，所有的乳房「像亂箭一般
射到他胸前，堆積起來，堆積起來，重壓著，重壓著」。吳老太爺
的理性是接受比較極端的性包裹的，他拒絕半裸體的性裸露，更拒
絕乳房的裸露，但同時，從開放上海生活的人們並不以為然的服
裝形式上，他又能夠看到被遮蔽著的乳峰、乳頭、腋毛，其感性
的性興奮進入到了越來越強烈的意淫狀態中去，在這種意淫狀態
中，二小姐芙芳、吳少奶奶等女人的乳房在吳老太爺的意淫中都
得到了極端化的性感呈現，吳老太爺無法控制自己的感性意淫，
他的理性與他的感性強烈地衝突著。這種衝突是他靈魂的內在衝
突，其中又深刻地涉及到了基本倫理——二小姐芙芳是吳老太爺
的女兒，吳少奶奶則是他的兒媳，吳老太爺的意淫無法控制地突
破了他理性所絕對不容許的倫理界限。吳老太爺的「萬惡淫為首」
理性絕不接受「半裸體」、乳峰、乳頭、腋毛，不承認這些東西只

---

[1]　民國時期旗袍只是低開叉，現代中國大陸改革開放後重新流行的旗袍則是民國
　　時期被排斥的「淫蕩」的高開叉式樣。

是他的感性幻覺，而認為是客觀的性裸露，但他現實地進行著突破倫理的意淫，強化著他靈魂的苦難，乳房在意淫中的堆積、重壓終於使他走向死亡，在死亡中消解了這一精神矛盾。

吳老太爺的寶貝兒子阿萱與自己性保守的父親不同，他在黃包車女人的白腿上看到了一個「半裸體的妖豔少婦」，出神到「張大了嘴巴」。阿萱並沒有吳老太爺「萬惡淫為首」堅定立場，因此，他的意淫不受理性限制，是渴望著的自由，不存在吳老太爺那樣走向死亡的靈魂痛苦。隨吳老太爺一起到上海的四小姐蕙芳被姐姐芙芳批評：「四妹，你這一身衣服實在看了叫人笑。這還是十年前的裝束！明天趕快換一身罷！」蕙芳處於羞慚的地位：「二姊，我還沒見過三嫂子呢。我這一身鄉氣，會惹她笑痛了肚子罷。」她與弟弟阿萱一樣，都不存在父親吳老太爺那樣極端的自覺性禁錮層級標準，只存在由父親強加的不自覺標準，「鄉下女人的裝束也是時髦得很呢，但是父親不許我──」，因而，被強加的不自覺標準的理性當身處環境從封閉農村一轉變為開放上海時，非常輕易就可以被拋棄。面對新環境，遵守著原有性感層級的蕙芳的理性自覺和不自覺，導致了她在自卑和傲慢之間徘徊。一方面，她是自卑的，羨慕著姐姐、嫂子們的穿著；一方面，她是傲慢的，「鄉下女人的裝束也是時髦得很呢」，試圖說明自己並不真的「鄉下」。傲慢的本質是自卑，不過是自卑的逆向表達，蕙芳一方面直接表達出了自卑，一方面則用「父親不許」為傲慢提供理由，也即我是時髦的，只是父親不許罷了。我的時髦是我的性感層級的自覺理性選擇，父親的不許則是外在權威強加於我的不自覺的性感層級

理性選擇，從而，自卑成了對父親的反抗和對二小姐芙芳時髦的讚同，其理性指向都是時髦，而這種時髦是我實際並不具備的，因此是我希望著的追求。這當中，時髦與鄉氣是兩種不同層級的服裝性禁錮和服裝性感，蕙芳與阿萱所追求的是時髦，這種向低層級服裝性禁錮和高層級服裝性感的追求，即性開放。

　　服裝性禁錮與服裝性感的層級相應因，但層級的高低則正相反，高層級的服裝性禁錮是低層級的服裝性感，低層級的服裝性禁錮是高層級的服裝性感，因此，對高層級服裝性禁錮的追求就是對低層級服裝性感的追求，對低層級服裝性禁錮的追求就是對高層級服裝性感的追求，前者是性的保守，後者是性的開放。性開放與性保守一樣，都是一種立場，而不是性的感知，也即不管服裝的觀照者具有如何的觀照能力，其針對服裝的開放或保守態度都決定於理性選擇立場，吳老太爺與他的寶貝兒子阿萱對女性服裝性感所感知到的內容都是豐富的，但吳老太爺所選擇的是性保守立場，他的寶貝兒子阿萱所選擇的則是性開放立場，四小姐蕙芳的感知具有同性他戀和自戀的內涵，同樣可以選擇性開放立場。就二小姐芙芳、吳少奶奶等女人來說，她們只是正常進行穿著，無所謂保守和開放，因為她們既不追求服裝性禁錮高層級和服裝性感低層級，也沒有追求服裝性禁錮低層級和服裝性感高層級，完全是按照所在服裝文化環境的常規進行穿著。雖然她們在吳老太爺、阿萱和蕙芳的眼睛裡是性開放者，但她們較之上海其他性開放立場的女性來說，實際只是性保守分子。如果考察服裝史可以知道，民國時代二小姐芙芳、吳少奶奶等女人所穿的常規流行旗袍模式是低開叉的（圖四十

一），只有一部分妓女之類才會穿高開叉旗袍，中國大陸文革以後改革開放重新流行起來的常規旗袍模式及港臺娛樂界，則淘汰了低開叉，成了高開叉。但是，如果是在夏季時候，民國時代女性並不流行戴胸罩，緊胸的旗袍凸出乳頭痕跡是常見現象，而由於普遍戴胸罩，文革以後改革開放旗袍的穿著並不會顯現出乳頭的輪廓，因此，較之民國，中國大陸女性文革以後改革開放旗袍的高開叉穿著是性開放了，但從乳房、乳頭的性透視來說，則又是趨於了性保守。也就是說，服裝的性保守和性開放，都是相對比較著的立場，實際的行為則又可能是保守與開放相互穿插著的。

阿萱雖然貪戀著女人的「半裸體」，但女人「半裸體」的性開放僅僅是女人的，對於阿萱來說只是外在的服裝性感形態，

圖四十一　民國低開叉旗袍

並且，他與這種外在服裝性感形態可能發生兩種完全不同的價值選擇：當這種性開放的女人僅僅是被他觀賞乃至玩樂的對象時，他是積極的主張者；但當這樣的女人成為他妻子或其他什麼具有家庭倫理關係的對象時，他是對性開放的積極反對者。這種價值對立在中國傳統社會破裂的過程，幾乎是個普遍現象——男人

們一邊希望自己摟著的女人像妓女，一邊要自己的妻子是最好
一塵不染的貞婦。四小姐蕙芳則有所不同，她面對時髦的自卑
實際上是一種覺醒，已經放棄了「我這一身鄉氣」立場，希望
把時髦替換掉鄉氣，而在這一立場替換中，她又受著「父親不
許我」的壓迫，並必須要突破這一壓迫才能夠得到實現。這種
在性保守壓迫中確立性開放立場的自覺運動，便是性解放。也
就是說，性解放是突破性保守壓迫實現性開放的自覺運動。

　　性解放的第一要義或者根本是自覺。阿萱雖然也存在著性
保守壓迫並追求性開放，但如果他僅僅把性開放作為外在的立
場，就不是他的自覺運動。這一點是區分性解放與偽性解放的
根本。就如人類文明史中無數的記錄那樣，無數的男人堅守著
性禁錮和性保守立場，但卻從女性中劃分出一部分人口，把她
們作為妓女或要一些女性提供接近於性服務的色情觀賞、娛樂
和藝術，這種讓一部分女性進行性開放的古老運動並不是性解
放，而是偽性解放——以性保守為基本和根本立場的性「解
放」。從服裝來說，當一個女人的自覺立場是對自己進行性包裹
時，他人從外部施展強制力量使她解除性包裹，迫使她穿上比
基尼站到人們跟前，這並不是解放她，而是對她從服裝角度實
施了性壓迫和性暴力。性，只要是性，都是人的情欲，深刻蘊
涵在每個人生命體的每個細胞中，因此，性是人的內在存在，
一切的性解放都只能是自覺的，所有以外力剝去人體服裝的運
動，都不是服裝的性解放，而是服裝的偽性解放。

　　性解放最重要的特徵是壓迫中的開放。四小姐蕙芳無論是
「我這一身鄉氣」還是追求時髦，都是在父親吳老太爺的壓迫
陰影中的，她自覺突破壓迫追求性開放，便是性的解放。當不
存在壓迫時，性的開放是自由的，在壓迫中的性開放是不自由
前提下對自由的爭取和達到。我腦海中至今依然清晰地記憶著
少年時代的一個印象：那是中國大陸「文化大革命」剛結束的
年代，上海街頭依然還是由白襯衣、藍色或黑色衣褲、藍色或
黑色裙子、綠色軍裝等充斥，已經是初秋，一天下午在我家所
在弄堂裡，幾個老太婆坐在門口聊天，忽然大家的視線集中到
遠處走來的一個青年女性身上，她上身穿著件白色的長袖襯
衣，下身是件粉紅的長到膝蓋的裙子，裙擺在穿過弄堂的風中
如旗幟般颺起，裡面沒有襯裙，裙子料質比較薄，正面貼身中
隱約可以看到她裡面的深紅色三角內褲影子，當她從我和老太
婆們身邊走過去時，大家的視線跟隨而去，忽然一陣風緊，她
颺起的裙擺高到臀部以上，大腿和被深紅色三角內褲包裹著的
飽滿的臀部直接顯現在大家的視線中，幾個老太婆立即撇著
嘴，把腦袋湊到一起：「騷貨，乾脆把屁拿出來給男人看就是。」

　　我這個關於紅裙子的印象應該是在1977年，文革後上海的
服裝變化較之北方要早得多。1983年北京女作家鐵凝發表了她
第一篇中篇小說《沒有紐扣的紅襯衫》，其中重要的情節是一名
少女因為穿了件紅襯衫而遭到環境保守人群的攻擊，1985年這
篇小說被改變為電影《紅衣少女》，受到熱捧。在標準的性包裹
服裝形式中，襯衫與性器較遠的距離並不是一個突出的性意

象，1984年上海的賈鴻源、馬中駿編劇的電影《街上流行紅裙子》公演，該電影重要的情節是青年女工對紅裙子拒絕和接受的矛盾，裙子與性器較近的距離較之襯杉更具有突出的性意象，1986年這兩位作者又將該電影改編為同名話劇，「街上流行紅裙子」迅速成為了當時中國的流行語。無論是紅襯衫還是紅裙子，在文革後的中國都已經成為突破保守、追求開放的審美意象，它們之所以能夠成為這樣一種審美意象，無論是小說作者還是電影、話劇編劇是否自覺意識到其中的性意義，其根本不過還是一個性的問題，也即由服裝的性保守走向性開放，而由於這是發生在壓迫氛圍中的運動，因此是一種服裝的性解放，從一個側面顯示出人性的解放。

　　我少年時的這個紅裙子印象，比之仍然採用典型論創作的《紅衣少女》、《街上流行紅裙子》更真實、具體，那位青年女性不可能不感覺到路人注視的眼睛和他們眼睛背後的自卑、驚羨、妒忌和排斥、壓迫，但她旁若無人地向前走著，是個只有她自己的個性的勇者，幾個老太婆的背後批評將她的紅裙子直截了當地指向了性，並且把性放大為了她直接把性器暴露出來給異性觀看，立場則是極其乾脆的否定——「騷貨」！

結束語：服裝與性與人格

　　人的全部現實存在可以歸結為人的機體及其活動，人的存在方式即活動。對人的全部研究，至今還主要是人的方法，而缺乏以外星人視角進行的方法。所謂外星人視角的方法，就是研究者將自己置身於人類之外，從另一個視角對人類進行考察，就如人類對其他物種進行生物學、社會學、心理學等考察那樣。當然，從外星人視角考察人類，所可以採用的具體方法也還是人的方法，是人所擁有的現實的智慧，但視角立場則是不同，是研究者所可以達到的最可能高的客觀程度。人的方法與外星人的方法都具有偏頗傾向，對人類進行的具體考察當努力將這兩種方法結合起來。用人的方法考察人的活動，是站在地球上、人群中進行的在場者角度，用外星人的方法考察人的活動，是站在月球上、火星上的非在場者角度，甚至就是如在實驗室解剖白鼠一般地冷酷、嚴竣，每個個人在這一考察中都只是人類的一件標本。

　　人類活動並不是剎那的靜止狀態，而是大江般川流著的過程，這一過程即為歷史。人類由歷史而形成、發展，並由其活動而構成為歷史本身。人類所有的存在特徵和所擁有的物質、精神形態，都不是從來就有的，更不是固定不變的，而是在歷史中形成並演化的。這些形成和演化只有當由理性設定出一個目標並靠攏向這個目標時候，才可以稱為進化、進步，但理性的幼稚註定

了進化的幼稚，也即人類理性只能按照已經有的智慧去設定歷史
目標，當理性改變或人類的活動脫離了進化論規定的軌道，則歷
史就談不上是進化－進步的歷史。因此，歷史的本質只是一種演
化或演進。

人的機體形態決定了人的全部活動的時空內核，決定了人類
的全部歷史其實只是一種生物物種史，這正是研究人類可以採用
外星人視角的根據所在——將人類作為一個地球物種進行考察。
理性，甚至理想，無法改變人的機體存在形態，因此，人類全部
改變自然環境的行動和成果都無法超越地球自然界的基本存在形
態和宇宙的存在方式，人類的全部歷史都受著外界自然界的演化
約束，當人類自以為在進化著的時候，可能恰恰是在走著一條加
速退化的道路，全部的所謂進化－進步其實只是一種演化。但是，
理性僅僅是人類精神的一部分，而且，即使就理性本身言，進化
論引致的目標主義和計畫主義終究只是理性中的一個支流，而不
是理性的全部內容。精神的本質是人將自己確立為了主體，並且
這一主體進行游離和分離，確立出另一個主體，將自身也即主體
本身客體化，同時，這樣兩種主體又可以進行互相觀照，也即互
為主體和客體，從而達到自由——精神的全部自由本性即在這
裡。精神的自由超越了人的機體時空限制，充盈乃至涵蓋住了
整個宇宙，從而，精神就將自身確立為了宇宙的存在根本，也
即將人確立為了全部存在的精神中心。這就是歷史的人本主義。

人的活動就其機體實體的現實形態來說，由人的全部行為構
成。人的行為是外在的、呈現的，由內在的意識所促動、調節和

控制。人的意識在總體上分思維和情慾兩個方面，行為既是思維和情慾的外在呈現，也是思維和情慾的外在動因。無論是行為還是意識，都是人的機體實體的基本屬性，構成人本身的兩大基礎活動方式，是的人全部活動的內核所在。當人不是被作為一個個孤立的個體考察，而是從類的角度考察，人的存在實體就不再只是一種個體實體，而是一種群體實體。那麼，賴以將個體維繫為群體實體的紐帶是什麼呢？這就是交往方式。人類個體通過交往構成為了群體，而群體作為一個實體也反過來將交往強化為所有個體的一種基本屬性，也就是說，在群體中的個體必須要通過交往使自己成為現實的、合理的存在。當某個個體沒有獲得人與人之間的交往關係時，他就僅僅只是個具有人形的生物體，就如狼孩、熊孩那樣，他所具有的人的屬性主要決定於生物遺傳，因此，交往是人之所以為人的基本前提和基礎。

　　人在交往中獲得成長，成長了的人可以在空間層面游離出人群，或者在精神層面游離出人群，但交往作為他的人的基本屬性已經不能被排除，游離將隨著時間的延續而導致其存在的孤獨，造就出孤獨的行為和精神。全部的行為和交往所構成的基本活動是人們的生活，也就是說，人的活動所歸結的基本形態是人們的生活。如果試圖要問人類到底是由什麼造就的，那麼，從總合的角度說，造就出人類的就是生活，是由生活方式的演進造就的。把勞動看作造就人類的動因是理性的誇張，人類去摘一個果子或去獵獲一頭野豬如果是勞動，那麼，摘果子的猴子和獵殺野豬的獅子就都是勞動者了，而幾乎是不停息地齟嚼青草的牛、羊則是

最勤勞的勞動者了。直接和簡單的獲取食物的行為和活動，是基本的生活行為和活動，是生活本身，只有當人類按照一定的目的和規模，把獲取外界物質作為一種財富獲取，也即不只是作為當即的生活消耗進行時，有了一定規模的儲存或以一定規模儲存為目的，獲取外界物質的行為和活動才超越出了生活的範圍，改變為了生產行為和活動，從而，相應的行為和活動也就成為了勞動行為和活動。就如其它物種也會使用某種工具那樣，簡單工具的使用並不能成為勞動的標誌，只有當這種工具的使用已經具有可以獲取一定足夠的物資即財富時，才可以成為勞動的物化標誌。

　　總之，人類基本的活動由行為、意識、交往和生活四種方式構成，當歷史演進到人類擁有和追求財富時候，生產方式才進入到了人類的基本活動範圍當中。也就是說，當從發達或成熟了的人類史角度考察，行為方式、意識方式、交往方式、生活方式和生產方式構成了人類基本的五種活動。其中，行為方式和意識方式是人類活動的內核，交往方式是人類活動的總的紐帶，生活方式和生產方式則是人類活動所呈現出的基本主體。在生活方式和生產方式之間，生活方式具有基礎意義，雖然生活也是為了生產，但生活更是生產的最終歸宿和目的，也是生產的歷史性前提。這是歷史的，但更是歷史的人本，或人本的歷史。生活包涵了人與精神、人與物質、人與人、精神與物質之間全部的基本關係，是人之所以存在的基本形式和內容，它既是人的存在的手段，也是人的存在的目的，更是人的存在本身的過程，是人的全部活動現實的、根本的形式和內容。

　　一切生物較之非生物的根本區別在於生命性，生命性的存在狀態即為生命體的活性，這種活性是以生命個體的死亡為自然邏輯結論的，因此，生命體的活性以自身活著的方式和遺傳子代作為兩種基本的對立於死亡的屬性。前一種屬性表現為生命體與外界自然界之間的物質新陳代謝形態，後一種屬性表現為性形態，但是，子代遺傳也是生命體自身的一種新陳代謝，因此，生命體的新陳代謝與性是統一的。生命體與外界自然界之間的物質新陳代謝集中、突出體現為食物的獲取、消化、排泄，從獲取的首要來說也就是食。當生命體的性形態分解為兩性時，其子代的遺傳就體現為交配、孕育和生育，從交配的首要來說也就是性交，以性交為突出特徵的全部性形態和活動即為兩性之性。總合而言，生命體的生命性或其活性由安全、食、性三個核心的屬性構成。這三種屬性同一在生命體的本能的自為上。人類的出現是這三種屬性自然演化的結果，由於性屬性並不只是現在的本能需求，而且也是指向子代誕生的活動，有著將來意義，因此，性在自然演化中具有關鍵的、貫穿的和主要的地位，也即性選擇是人類演化的根本機制所在。

　　人類的出現本身並不足以將自己從根本上與其他物種區別開來，現代生物學、人類學、考古學等已經證明，現代人類的先祖僅僅是靈長目中的科、屬、種，與現代猿類生物同屬於人猿總科，即使在智人當中，也僅僅是早期智人中的一支。如果從現代人類的先祖達到將自己與其他人類區別開來說，工具的出現並不能夠成為一種標誌，更談不上成為唯一的標誌，因為，其他的人類同

樣也使用著工具，其他的非人類動物也有偶然使用工具的現象。但是，性選擇推動的人類裸體化迎來了曙光，人的直立、裸體、無發情期限制的性交、任意體位的性交等更突出了性的地位，也即使性更成為了現在的快樂，成為與非人類相區別的越來越鮮明的物種特徵，從而，人類開始用外在物質附著於自己的身體，對自己身體進行裝飾，這種裝飾越來越指向了自己的性器，構成了人體的藝術。人體藝術將人體機體不只是屬於了形式，而且更是從根本上與非人類區別了開來，使人第一次包裹上了物質外殼。人體藝術更重要的意義並不在於與非人類的關係上，而是在人類自身的關係上，它第一次造就了人類的文化，以不同的藝術形式形成了不同人群之間的文化差別，將人類自身進行了區別，現代人的先祖正是其中擁有自身特殊文化形態的一個人群。現代人先祖的這個人群並不一定在使用工具和利用外界物質方面擁有優勢，但卻出現和發展了精神優勢，生命體本能的自為演變為了自覺的自為，在崇拜中為自己確立了作為人的主體性，越來越將其他的人類視作為了非人類。精神覺醒自然要將性納為視覺焦點，人體藝術開始將指向性器的裝飾演變為性飾簾，並進而演變為裙和丁字褲，於是，服裝就成為了人類精神覺醒的一件物質成就。

　　在服裝之前附著於人體機體的物質是各種顏料和裝飾物，當服裝形式由裙和丁字褲擴展，在趨向於全身的性包裹中，裝飾形式演變為了服裝形式的附件和配套，總合而為了人的整個服裝體系——服飾。這一服裝體系構成為了人體機體物質外殼的最內

層。在歷史的演化中，在至今為止的人類歷史中，人不斷擴展著自己的物質外殼。這一物質外殼體系成為了人的軀體基本的和必要的構成部分，由殼體物質體系、功能物質體系和再生物質體系組成。殼體物質體系是一系列空間物質形式，最基本的內層物質即為服裝，基本的外層物質是建築，現代越來越普遍的殼體物質是進行位移的各種載人形式如汽車、輪船、飛機。功能物質體系源於古老的工具，是在本質上屬於人體功能延伸的那些物質形式，這種延伸不僅是手、腳、肩膀、牙齒、眼睛等功能的外在物質化，而且也越來越是神經甚至意識的外在物質化，比如電腦是大腦部分思維功能的外在物質化。再生物質體系分兩類，一是再加工物質，一是再生長物質。再加工物質源於古老的熟食方式，也即將所獲取的動物組織這一外界物質進行燒烤，加工為適合或更適合於作為食物攝入的物質，其中的本質是將所獲取的物質加工為符合需要的物質，人類現在進行最終消費的物質都已經屬於這類形式，並形成了龐大的中間原料體系。再生長物質源於農業和畜牧業的發明，是借助於物質天然的生長屬性脫離自然界以獲取第一物質。人的物質外殼體系不僅將人體機體進行了物質化外延，更是越來越構成為了一個依憑於大自然的龐大的人的物質體系，特別是依憑於再生物質體系將自身封閉為了一個人的宇宙，一方面繼續不斷地吞噬著外界自然界的物質，一方面不斷地自我滋生著越來越多的物質，試圖建立起一個能夠自我生長和循環的物質機體系統，比如今天人類的食物幾乎已經完全是再生長物質，而不是從外界大自然獲得。

物質外殼構成了人的宇宙與宇宙、人的世界與世界、人與其他生物物種的鮮明區別，並在外殼的邊際與外在自然界形成向外在自然界不斷擴張著的界線，不斷膨脹著自己的軀殼。服裝作為第一內層的物質外殼，直接附著於甚至直接包裹著人體機體，因而，服裝又構成為了人體機體與物質外殼之間的中間層，作為中間層也取得了人體本身的屬性，也即擁有了人體皮膚的地位，使人在具有機體組織皮膚之外又具有了一層外在皮膚，從而改變了人本身的實體形式。當人將自己與其他物種進行本身實體比較時，已經將是否擁有服裝作為第一視覺條件和要素，以此分別人與非人、文明與野蠻。裸體，不再是指人體機體上毛髮的褪去程度，而是指是否穿著服裝，因此，人類由此演變為了非裸體物種，而非裸體的野獸則被視作裸體動物。

由性選擇推動而從裝飾形式演變出的服裝，不管其以後發展出了怎樣的實用功能，性構成了服裝最基本的屬性。服裝與性器之間的關係構成了服裝性屬性的根本，進而呈現出將整個人體性器化的傾向和現實，因而，服裝的性屬性幾乎充斥在了服裝與人體的全部關係當中。在服裝形式底下，不僅性器是性體，女性乳房是性體，而且整個人體都在性包裹中成為了類性體。因此，人不只是通過服裝將自己的機體與動物相區別開來，而且更是通過服裝將自己的性與動物區別了開來，與動物相區別的性構成了人與動物之間區別的最基本和最低限度的要求和規定。這一基本要求和最低限度並不是一種抽象，而是一種現實的形式，體現在服裝對性器的最小面積遮蔽上。這是服裝與性的關係中所包涵的人

性本質，構成為了人的基本人格。但是，所謂人性以及人格對於其他物種來說並無意義，動物既不會把穿著服裝的人判斷為不是人，也不會把不穿服裝的人判斷為不是人，正因為如此，當人僅僅只是面對動物時候，對自己是否裸體並不在意。人性是建立在人的主體性自覺前提下的，它是作為主體的人對自己的性質認知，當將這種認知作為自己人的規定時候，則構成為了人格。因此，人性以及人格的意義，不在於人與動物的關係上，而恰恰是在人與人的關係上，一方面是人的自我考察，一方面是他人的考察。服裝，既是人的自我人性和人格的物質化認定和規定，也是他人的由物質形式進行的人性和人格判斷和評價依據。服裝雖然是人與其他物種的區別所在，但是人與人之間的關係物。

　　不是服裝的實用性，而是服裝的性屬性將服裝牢固地附著在了人體上並將人體包裹，它構成為基本的人性並體現為人格，因此，即使服裝並不具有實用意義時，它依然作為人性的實體和人格的現實形式，作為「人」而為人所必需。性通過服裝這一物質外化呈現為人格，以現實形式確立出人與人的人格角色關係，並使這種關係依憑於建築形式實現為人格角色的空間關係，人格在不同的空間──室內室外、臥室廳堂廣場野外──有了不同的評價定位。除了時間要素──季節、黑夜白晝──的調整外，主要由倫理、文化、政治、經濟、審美諸要素進行調整，並構成為這些要素中深刻的內涵因素。倫理、文化、政治、經濟、審美諸要素建構出了人的服裝角色，形成服裝形式的人的角色關係，構成為了基本的性選擇依據和途徑，也即人的性選擇不再是在赤裸的

人們之間進行，而是在有著服飾形式的人們之間進行，服飾形式的因素成為了人們進行性選擇的因素。服裝形式的性遮蔽並不能夠真正消解性，甚至反是對性進行了突出和外延，但性終究被作了視覺乃至觸覺、嗅覺、味覺的阻隔，因此，性本身在性的遮蔽中改變為了性的人格，性選擇成為了人格選擇。這種人格是精神的，但服裝的物質形式也使人格物質化，也即人格在服裝的物質形式上得到了現實化和實在化。

　　服裝，這人身常物，當人類將它穿上，就再不能夠將它脫卸。

新銳文學叢書　PF0061

新銳文創
INDEPEDENT & UNIQUE　服裝是性的

作　　者	顧則徐
主　　編	蔡登山
責任編輯	林泰宏
圖文排版	陳宛鈴
封面設計	蕭玉蘋

出版策劃	新銳文創
發 行 人	宋政坤
法律顧問	毛國樑　律師
製作發行	秀威資訊科技股份有限公司
	114 台北市內湖區瑞光路76巷65號1樓
	電話：+886-2-2796-3638　傳真：+886-2-2796-1377
	服務信箱：service@showwe.com.tw
	http://www.showwe.com.tw
郵政劃撥	19563868　戶名：秀威資訊科技股份有限公司
展售門市	國家書店【松江門市】
	104 台北市中山區松江路209號1樓
	電話：+886-2-2518-0207　傳真：+886-2-2518-0778
網路訂購	秀威網路書店：http://www.bodbooks.com.tw
	國家網路書店：http://www.govbooks.com.tw

出版日期	2011年4月　初版
定　　價	220元

國家圖書館出版品預行編目

服裝是性的 / 顧則徐著. -- 一版. -- 臺北市：新銳
文創, 2011.04
面；　公分. --（PF0061）
ISBN　978-986-6094-01-9（平裝）

1.性教育　2.服裝

544.72　　　　　　　　　　　　　　100003171

讀者回函卡

感謝您購買本書，為提升服務品質，請填妥以下資料，將讀者回函卡直接寄
回或傳真本公司，收到您的寶貴意見後，我們會收藏記錄及檢討，謝謝！
如您需要了解本公司最新出版書目、購書優惠或企劃活動，歡迎您上網查詢
或下載相關資料：http:// www.showwe.com.tw

您購買的書名：＿＿＿＿＿＿＿＿＿＿＿＿＿＿＿＿＿＿＿＿＿＿＿

出生日期：＿＿＿＿＿年＿＿＿＿＿月＿＿＿＿＿日

學歷：□高中 (含) 以下　　□大專　　□研究所 (含) 以上

職業：□製造業　□金融業　□資訊業　□軍警　□傳播業　□自由業
　　　□服務業　□公務員　□教職　　□學生　□家管　　□其它＿＿＿

購書地點：□網路書店　□實體書店　□書展　□郵購　□贈閱　□其他

您從何得知本書的消息？

　□網路書店　□實體書店　□網路搜尋　□電子報　□書訊　□雜誌

　□傳播媒體　□親友推薦　□網站推薦　□部落格　□其他＿＿＿＿＿

您對本書的評價：(請填代號　1.非常滿意　2.滿意　3.尚可　4.再改進)

　封面設計＿＿＿　版面編排＿＿＿　內容＿＿＿　文／譯筆＿＿＿　價格＿＿＿

讀完書後您覺得：

　□很有收穫　□有收穫　□收穫不多　□沒收穫

對我們的建議：＿＿＿＿＿＿＿＿＿＿＿＿＿＿＿＿＿＿＿＿＿

＿＿＿＿＿＿＿＿＿＿＿＿＿＿＿＿＿＿＿＿＿＿＿＿＿＿＿＿＿

＿＿＿＿＿＿＿＿＿＿＿＿＿＿＿＿＿＿＿＿＿＿＿＿＿＿＿＿＿

＿＿＿＿＿＿＿＿＿＿＿＿＿＿＿＿＿＿＿＿＿＿＿＿＿＿＿＿＿